U0831302

《中国秀·中国传统文化系列读本》

主　编　赵　锋

编委会　赵　锋　仝十一妹　苏　珊　乔　苏

石　磊　李秀敏　宋启航　付泽新

庞丹丹　刘星辰　李萌怡　刘　超

刘　昕　刘　芳　翟玉成　方文林

屠芫芫　冷　宇　焦晓宇　张　璇

许艳秋　刘晏伶　张小玲　钱　芳

张　茜　项　南　白　璐

塔湖·書
TOWER LAKE BOOK

中国秀 | 07
赵锋主编

中国传统文化系列读本

节日与习俗

庞丹丹　苏珊　著

山西出版传媒集团
山西教育出版社

目　录

关于节日与习俗_(代序)

节日是生活中特殊的日子，它仿佛有着神奇的召唤力，让人们摆脱了日常生活的抑制和平静，进入到一种欢愉而兴奋的状态。更重要的是，它是一种集体的欢腾。农历正月初五被称为“隔开”，意思是过年基本到此为止了，人们应该恢复正常的劳作，商家也要开市。每一个节日，都好像一种隔开，把我们从漫无尽头的庸常生活中隔离，让我们在经历节日的欢愉或者特殊仪式之后，精神抖擞地重新投入日常生活中来。

今天的年轻人越来越重视“洋节”，年轻的小情侣可以把元宵节当普通日子过，但是如果在情人节无动于衷，那基本离分手不远了。

“洋节”的盛行可以理解，但是传统节日的式微，却是不应该的。这不仅关乎本末，也关乎我们民族的文化之根。我们的传统节日充满着各种神奇而美好的东西，强调着天人合一，强调信仰，强调人与人之间的关系，有祭祀，有娱乐。那是一个充满着仪式、服饰、食物，不仅仅有人，还有神鬼，万物皆有灵的神奇空间。它们的式微，不是它们不合时宜，而是我们渐渐淡忘，淡忘了我们带着千年积淀的节日，是怎样的神奇和美好。

在我们的传统节日里，人和鬼神都有了关系。我们用各种仪式驱邪避鬼；我们也扮演着送神上天、迎神归来的角色；我们甚至幻想着用麦芽糖黏住神的嘴巴，不让他们讲人类的坏话。人和老鼠都有了关系，有那么一天，我们的祖先认为这天是老鼠嫁女儿的日子，人应该收敛自己的事情，给老鼠一个办喜事的空间。多可爱，好像一个童话世界。更不要说充满着吉祥寓意的各种美食，连饺子都不是平时的饺子，里面可能包着银钱，寓意财富；或者包着糖果，寓意甜蜜，馄饨、汤圆、年糕、腊八粥、七草粥等也都有自己独特的味道和寓意。

我们的节日，还联结着漂泊在外的游子和等待儿女的父母，联结着老人脸上衰老的皱纹和孩子稚嫩的笑容，联结着天地万物。在联结中，我们汲取着积蓄千年的力量，精神焕发地走入日常的生活，等待下一个联结的到来，等待下一个节日的开始。

所以，现在就带大家走入我们的传统节日。

第一章，年节

春节，是我国最重要的传统节日。这一天在外的游子都要赶往一个地方——家。过年，对于今天的我们依然有着最浓重的节日意味，它意味着团圆，意味着美食，意味着一个又一个特殊的仪式。

从广泛的意义上来说，过年从腊月二十三就开始了，这一天人们开始打扫、送神上天，到正月初五“隔开”结束，更广泛一点，过完正月十五，这个年才算真正过完了。这一章我们就来讲一讲“年”。

在开始之前，我们要先解决这样一个问题：节日是如何开始的？它一定不是凭空而生的，也不会是突然有一天，大家就约定在什么日子过什么节日，有怎样的习俗。那么，它是怎么开始的呢？

一、节日的由来

北京大学教授高丙中在《中国节日框架的建构与重构》一文中给节日下了个定义，他说："节日是社会文化所设置的时间单位，以历日和季节等组成的历年作为循环的基础……节日是被赋予了特殊的社会文化意义并穿插于日常之间的日子，节日之所以不同于一般的历日，就在于这期间包含着特定的风俗、习惯。"

简单说，节日是一个特殊的日子，在这个日子里我们要遵循特定的风俗习惯。所以，要有节日，一定要先有时间的概念。茹毛饮血的原始人类一定是不过春节的，因为他们还没有形成时间观念，仍然处于时间的混沌中，可谓真正的"山中无历日，寒暑不知年"。

1. 节日的前提：时间的观念

让我们逆着历史向前追溯。当人类开始农业种植的时候，也就开始关心太阳的东升西落、不同时期气候的变化，也就是我们说的节气。上古时期，节气的划分非常简单，只有春秋之分，上古先民对气候变化的感受就是“寒来暑往”，所以《周易》里就有“寒暑相推而岁成焉”。在“寒来暑往”中，他们摸到了这种循环的脉搏，把一年与另一年区分开来，时间不再是混沌的一团了。但是这种区分又是简单粗糙的，是一种最简单的二分法。对于靠天吃饭的农业社会来说，显然是不够的。

人类想要从事农业生产就必须遵循自然规律，摸清自然界的时序变化。人与天的关系是当时人们最关心的。所以，统治者都重视天时历法。如果说后来的统治者主要是“治人”，那么当时的统治者一定是“治天”，努力发现“天”道，也就是自然运行的规律。

到了夏朝，已经出现了我国最早的物候历——《夏小正》。物候历，是历法的一种，就是通过物候的变化来把握时间。我们在《夏小正》中看到的就是这种历法，例如描述正月，就是“田鼠出”“雁北向”等物候，以此来确定季节。

这是很容易理解的，先民肯定是通过最可见又稳定的物候变化来把握天道的。后来，人们了解了自己的生活环境，掌握了物候的变化，闲暇之时，他们开始抬头仰望浩渺的宇宙。这一看，不得了，原来繁星的位置和变化也都是有规律可循的。发现星宿的变化和季节的变迁有着固定的关系，日月星辰就成为人们确定时间的一种方式。

我们今天看来最简单、最习以为常的时间的确定，是先民经过了很长很长时间的努力，一点点形成的。没有什么是理所当然，即使是看来最理所当然的时间。

在确定时间的过程中，先民取得的一个标志性成就就是“四时八节”的确定，也就是确定了春、夏、秋、

中国民间传统艺术武强年画

冬四时，确定了白天最短的冬至、白天最长的夏至、白天与黑夜等分的春分和秋分、天气暖和与炎热开始的立春和立夏、天气凉爽与寒冷开始的立秋和立冬八节。先民从一团混沌中，通过观察物候和日月星辰的变化，感受气候冷暖的变迁，形成时间的概念，并且找到了划分点，形成了“四时八节”，的确是非常了不起的成就。

就这样，勤劳智慧的华夏子孙对时间的划分越来越清晰。

2. 节日的开始

节日的雏形就是对天地与自然的祭祀。

《论语》中有句话：“天何言哉？四时行焉，百物生焉，天何言哉？”这句话就很好地体现了古人对天地的敬畏。孔子说，你看啊，静穆的苍天说了什么，它什么也不用说，就这样四时运行着，天地万物在其中生发着。

在先民的心中，默然无语的天地就是这样一种形象，它不言不语，但是先民的生计甚至祸福全仰仗着它。它不说话，就更显神秘，它掌握着一切，那么我们只能小心翼翼地对待它。所以先民与天的互动方式，就只能是敬畏。因为敬畏，所以有了祭祀和禁忌，既要讨得苍天的欢喜，也要注意不能惹怒主宰四时万物的苍天。而敬畏的表现，就是顺从，即顺应天时。先民在不同的季节里，会有各种祭祀，表达对苍天的顺从和敬畏。

在各种祭祀中，蜡祭是先秦时期最盛大的祭祀，具有狂欢节的性质。据载，先秦时期的蜡祭，有化装表演，也有昼夜不分的大型宴饮。由此看来，狂欢节真不单单是西方的节日，很久很久以前，勤劳智慧的华夏子孙就曾不分昼夜地狂欢过。其实，现在很多太平洋的小岛上，生活在那里的原始部族仍然不定期地进行着看起来肆无忌惮的狂欢。我们可以说，完全不同于日常生活的狂欢节，是人类的一种需求。节日的存在，就是这种需求的满足。节日的放松与娱乐，好像是一种自新，让我们有了投入庸常生活的勇气，也让庸常的生活有了期待。

回来继续讨论蜡祭。蜡祭是在一年的最后一个月，丰收之后，先民既要庆祝丰收，也要感谢带来这一切的神灵，所以进行一次年终的大祭祀，“合聚万物而索飨之也”，向所有的神灵祭祀，祈求来年的大丰收。先人也是幽默的，所有的神都要祭祀到，所以干脆就“合聚万物”。到底有哪些神呢，总要有一些代表性的神灵吧？还真有，称为“八蜡”，这八种神分别是：先啬

（神农）、司啬（后稷）、农（农夫）、邮表畷（茅棚、地头、井）、猫虎、坊（堤）、水庸（沟渠）、昆虫。

蜡，后来演变成“腊”，本来含有狩猎、供奉的意思，意味着祭祀。祭祀神仙在一年的很多特殊日子都会进行，但是到了一年的最后一个月，要对所有的神仙进行祭祀，这个月就被称为“腊月”，腊月里腌制的肉也被称为“腊肉”。

先秦以后，蜡祭的狂欢性质慢慢失去，但是在年终进行大祭祀和大庆祝的习俗却依然保留下来。时至今日，我们从腊月二十三开始到正月十五结束的春节，也是一种蜡祭，只不过现在的节日，祭祀的意味没有那么浓厚，更多的是强调人的欢愉以及彼此之间的交往。

3. 节日的形成和演变

在特定的时间通过一些特定的行为，来庆祝或者祭祀的蜡祭，已经具有传统节日的雏形了。我国先秦时期的节日多是祭祀的形式，是人类向神灵祈求福佑。

到了汉代，儒家思想盛行，这时候的节日虽然仍有浓重的祭祀味道，但是除了祭祀神，更多的是祭祀祖先，因为儒家强调人伦，这时候节日就由体现自然伦理、表现人与自然的关系，转向体现人文伦理、表现人与人之间的关系。

秦汉魏晋时期，节日慢慢出现，随之出现的是关于节日的一些传说。这个时期出现的传说中最为大家熟悉的就是端午节纪念屈原。

到了隋唐时期，节日的世俗意味就更加浓重了。尤其是唐代，热情开放的唐人在节日期间进行越来越多的庆祝活动，例如元宵节，人们打扮得光彩夺目，街头充满了各种杂耍表演，锣鼓喧天。热爱生活的唐人，虽然不会抛弃对天地的敬仰，依然保留着节日中敬天顺时的习俗，但更多的是欢度节日、享受生活。这时候，官吏也开始在节日放假，视节日的大小，放假一日到七日不等。据统计，唐代官吏因为节日放假的天数累计超过四十天。

宋元明清时期，节日的娱乐性也在不断地增强。大家一定还记得宋代词人辛弃疾的《青玉案·元夕》："东风夜放花千树，更吹落，星如雨。宝马雕车香满路。凤箫声动，玉壶光转，一夜鱼龙舞。蛾儿雪柳黄金缕，笑语盈盈暗香去。众里寻他千百度，蓦然回首，那人却在，灯火阑珊处。"完全展示了当时节日的一派热闹世俗的景象，其热闹程度相比今天，也毫不逊色。

传统节日发展至此，已经基本定型，节日习俗也已经基本形成，接下来的章节，将循着时序，顺应天时，从腊月的小年开始，为大家细数我们的传统节日。

2000年中国邮政发行的《春节》特种邮票

2015年中国邮政发行的《拜年》特种邮票

二、过小年

腊月二十三，是我们的小年。从名字就可以看出，我们期待的过年开始了！当然，不同地方小年的日期还是稍微有些不同的，有的地方就是腊月二十四，也有腊月二十五的。

过小年，像过大年一样，也讲究合家团聚，大家一起吃一顿丰盛的团圆饭，北方很多地方会吃饺子。小年还有它特殊的习俗：送神、封印和扫尘。

1. 送神

（1）送灶神

现在乡下，大都还会在烧火的灶旁墙上贴“灶王爷”的像，有的还贴着一句话：“上天言好事，回宫降吉祥。”灶王爷到底是谁？为什么人们会在小年这一天，专门送他？

关于灶王爷，民间有很多说法，有的说灶王爷就是火神祝融，传说是他传下火种，人们都非常热爱他，尊他为“灶神”；《封神演义》里又说姜子牙封张奎为灶神；天津地区认为灶神是唐代的张百忍，九世同堂，是家庭和乐、有福之人的代表。当然灶神也不光是好的。在有的传说里，灶神爱赌博，把灶神奶奶都输给别人了，所以很多灶神像只有灶王爷，没有灶神奶奶。也有说灶神是一个负心汉，休了贤妻，娶了懒惰的新老婆。

还有像牛郎织女一样的传说，说天帝的小女儿，像所有神话故事里的小女儿一样，善良美丽，也像所有神话故事里说的那样爱上了凡人，不过她爱的这个凡人不是放牛的，而是负责给大户人家烧火的。天帝大怒，把她贬入凡间。严父配慈母，王母娘娘就不忍心了，苦苦求情，所以天帝就准许这对小情人每年腊月二十三上天一次。为了面子上好看，天帝也给这个凡人封了小官，就是灶神。

灶神在百姓心中位置很重要，所以关于他的身世难免有诸多揣测。他到底是谁扑朔迷离，但是他的职能却很清楚。《敬灶全书》上说：“灶君乃东厨司命，受一家香火，保一家康泰，察一家善恶，奏一家功过。”起先是守护一家的灶，保家门平安，后来变成监督一家的情况，向天上的玉皇大帝报告，然后玉皇大帝根据这一家这一年所做的善事和恶事，给予相应的奖赏和惩罚。这么一来，灶神就重要了，一定要小心翼翼地对待。

到了腊月二十三，灶王爷就要上天报告这一家的是非了。这一天，人们就通过各种活动，确保灶王爷多说好话，至少不能说坏话。首先要祭祀灶王爷，给他的祭品多为糖和酒，一般是麦芽糖。百姓们聪明着呢，他们就想拿糖黏住灶王爷的嘴，他想说也开不了口，这样家里这一年的是是非非就传不到天上去了。就是没黏住，糖是甜甜蜜蜜的，灶王爷也会多说甜蜜的好话。酒呢，也是灌醉灶王爷，让他没有办法多言是非。所以这一天，很多地方都会吃甜的东西，有的地方还会把麦芽糖投入火中焚烧，或者把酒涂抹在灶前，或者把糖直接涂抹在灶神嘴上。

祭灶神

祭祀过灶王爷后，就是送灶王爷上天了。现在一般都是贴纸的灶王像，把它揭下来，放入火中烧掉，就是送神走了。到了除夕，贴上新的灶神像，就又把灶王爷迎回来了。对于木制的灶王像或者牌位，送他走，就是把木像或者牌子转过去，等到除夕再转回来。送灶神上天的时候，人们也不忘把握最后的机会，祈求灶神“好话多说，坏话莫讲”“多说好事，少讲是非”。

百姓的尊崇不止表现在这里，他们还贴心地为上天汇报的灶王爷准备坐骑。有的地方是手工扎的马，多用麦秆扎出马的样子，称为“扎马”；有的地方是轿子，称为“做轿”。让灶王爷骑马或者坐着轿子上天。在这一风俗盛行的时候，节前的街上，就会有很多卖这种扎马和轿子的小贩，也平添了小年的气氛。

这一天因为灶王爷要上天汇报，所以人人都要谨言慎行。大人会一早叮嘱小孩子，这一天绝对不可以乱说话，免得被灶王爷记住，告到天上，降下祸事。就是村子里最多嘴凶悍的媳妇，在这一天也会恭恭敬敬、规规矩矩。

对灶神的推崇，继承的是先民对火的敬畏。每一家每一户都有自己的灶王爷，他是这一家的“一家之主”。他守护着灶，也每天看着这一家人的吃食，体会着民间的疾苦。可以说，他是离人们最近的神。朴实的人们希望在他的守护下，年年岁岁平平安安。

看着村里的老奶奶对着灶神像小心地念叨着，就好像看到百姓最朴素的心愿——家门平安。

（2）送其他神灵、趁乱岁

这一天可不仅仅是灶王爷要上天，所有的神灵都在这一天上天。

民国时期的木刻灶神牌位

旧时认为，一家之内，厕所、水井、门、床都有自己的神在守护着。我们常说的农村人的淳朴之气，跟这种认识也有关系。在他们看来，“举头三尺有神明”，所作所为天都是知道的，尤其不能亏心。

厕所里的神，都是美丽的，但是与厕所相连，美丽却也凄惨。一说，厕所里的神是汉高祖宠爱的戚夫人变成的。戚夫人在汉高祖死后，被吕后砍掉手脚，挖掉眼舌，削去鼻子，泡在酒瓮里头。人们对美丽的戚夫人充满了怜惜和同情，就想象她化作了神仙。另一说，是紫姑，也是一个美丽的姑娘，给人做小妾，遭到正妻的妒恨，惨死于厕所中。厕神的出现，既体现了神明无处不在的思想，也体现了人们对遭受苦难的女子的同情，体现了人和神之间的一种关系，美好的人死后是会成为神的，这也是对苦难生活的一种慰藉吧。

井神，有人认为是“吹箫女子”，还有人认为是“井神童子”，无论是哪一种，都不像厕神一样凄凄惨惨，反而带着一种明丽清爽，这种想象与水井有关。古人吃水的一个重要来源就是水井。只要有水井的地方，就有人家，人们打水的时候也多是欢歌笑语。除夕封井，开井时间各地有别。据说开井的时候，用井水沾湿眼睛，可令眼睛不昏，更清晰明亮。

床神，在人们的想象中是一对老夫妻，称为“床公”“床婆”，安详而和蔼。这种想象也和床这个地方有关系，人们祭祀床神就是为了祈求来年可以睡得安稳，一切祥和。据说，床公喜欢喝茶，床婆喜欢喝酒，所以祭祀床神的时候茶酒都要准备。

门神，我们就很熟悉了，从神荼、郁垒到秦琼、尉迟恭，再到钟馗，我们会在后面详细地介绍。

小年把所有的神灵都送上天，除夕再把他们迎回来。在这之间的日子就是一个没有神的世界了吗？当然不是这样的，传说第二天一早天庭就会有大神亲临，玉皇大帝也会亲自降临人间，作一番视察，监管人间的生活。

在送神后到第二天之间确实是没有神的，所以就有“趁乱岁”之说。因为没有神，就可以趁机做一些有神监视的时候需要烦琐的规矩的事情。例如有些贫寒人家嫁娶会定在这一天的下午，没有神灵，可以免去很多祭祀，节省钱财。

“乱岁”的存在既敬了神，留住神的庇佑，也给了人尤其是穷人喘息的空间。

2. 封印与扫尘

送神以后，就有官家封印，这是快要过年了。古代朝廷，都是由钦天监专门算好时辰，进行封印以及年后开印的活动。相应地，梨园子弟也会把唱戏的行头装在箱子里封好，不再唱戏，称为“封箱”。不管是官员还是戏子，都是服务民众的，都要停止工作，开始准备过年了。

现在城市里已经很少有人送灶神了，但是小年这一天人们一定会把家里家外做一番彻彻底底的大扫除。现在多是把家具从头到尾擦洗干净，把地板、玻璃以及平时顾不上擦洗的门窗都擦洗一遍，连同屋角这些平时注意不到的地方都要打扫。讲究的还会特别叮嘱小辈，这一天的打扫，要格外细心，不留死角，绝对不可以敷衍。

更早的时候，这一天要拆洗被褥衣服，真正是大扫除，越彻底越好。打扫好房子，换洗好被褥，人也要沐浴，把自己洗干净。除旧迎新，祛除各种疫病，是人们在这一天这样做的愿望。

这也自有它的合理性。到了一年的年底，做一次彻底的打扫，在医疗卫生不发达的古代，的确是对抗疫病的好办法，而打扫完毕，面对一个干净的家，开始一年的庆祝，也更添喜气。

当然不同地区习俗也是有变化的，例如有的地方就是在小年前一天打扫卫生，不想让灶王爷灰头土脸就上天了。

虽然不同地区具体的时间或者做法稍有不同，但是主要的目的都是为了祛除疫病，辞旧迎新。

三、除夕

除夕，是广义的春节中最为重要和忙碌的一天。这一天，人们开始贴春联、吃团圆饭，还要一起守岁，一过子夜门外都是噼里啪啦的爆竹声。这一系列活动，把这一天变得格外长，人们喜气洋洋地度过这美好而漫长的一天。

1. 除夕前的准备

年的准备很早就开始了，有些地方称为“办年”，主要包括买年货、准备食物和预备新衣，还有具有社交功能的“馈岁”，即亲友之间互送节礼，以及“谢神”，人和神的互动。

买年货，本身就充满了过年的欣喜，吃的、穿的，以及年节的特殊物品，从福字、春联到烟花爆竹，一件件买回家。集市上人山人海，到处都是热火火、红彤彤，还没过年，却已经满满都是年的味道。人们乐呵呵地准备着各种东西，家里各种吃食都满当当的。也许人类需要的就是这样的感觉，亲人团聚，仓廪满溢，食物

民间花馍

充足。岁末剩下的日子不再是忙碌，不再是为了生计奔波，只是和亲人一起，守着冬日里的炉火，享用美食，享受生活。

准备食物，从小年就开始蒸馒头，在农村地区年前蒸的馒头可以吃到正月十五以后。很多时候，即使馒头发霉了，也会处理掉发霉的部分，热一热继续吃，且来年还是会蒸这么多。看着一笼一笼的馒头，才觉得是过年。蒸馒头是有禁忌的，特别忌讳乱说话，尤其忌讳任何不吉利的话。有时候小孩子忍不住说一句“怎么蒸这么多”，也会被大人勒令住嘴。据老人家说，过去一户穷人家过得很窘迫，蒸馒头这天却掀开就是一笼，再掀开还有一笼，这是神仙给他们送馒头，在帮他们过年呢。这时候，不懂事的儿媳妇忍不住说:“家里那么一点点面怎么蒸出这么多馒头?”话音一落，再掀开，锅里就什么都没有了。老人家说，这就是惊动了神明，福气走了。

百姓认为此时到处都有灵气，一家的福气，很容易因为一句话破坏掉。过年相关的一切都是应该注意的，它都关联着来年的运气、一家的福气。过年准备的馒头种类也很多，不只是简单的白馒头，也会蒸糖馒头或者里面含枣的馒头，各种“花样馒头”意味着甜蜜和福气。

除了蒸馒头，还要炸丸子、炸鱼，南方地区还会蒸年糕，年糕年糕，年年高。腊月里早早地腌上肉，提前杀鸡杀鱼，处理好腌上，或者煮出来冻上，过年期间随吃随拿。

北方很重要的食物是饺子。家里总会提前做好一盆饺子馅，冻起来，过年期间吃的饺子馅就都有了。除夕当天包饺子也有说法。中间包糖，预示着甜蜜幸福；包麦麸，谐音“福”；包银钱，预示着来年会发财。看看这些特殊的饺子会被谁吃到，也算是一种质朴的占卜。

“馈岁”，就是年前亲友之间互送礼物，多为鸡鱼肉蛋这样的食物，或者是烟酒。

“谢神”就是祭祀神，希望来年能够继续保佑一家。准备贡品，烧香磕头，以此“谢神”。“谢神”的时间以及礼仪各地也略有不同，只是祭祀神灵的精神是一致的。这里我们就选江浙地区来说说“谢神”是怎么进行的。之所以选江浙地区，是因为大家都熟悉鲁迅的小说《祝福》。江浙地区“谢神”就被称为“祝福”。书中这样写道：

> 家中却一律忙，都在准备着“祝福”。这是鲁镇年终的大典，致敬尽礼，迎接福神，拜求来年一

年中的好运气的。杀鸡，宰鹅，买猪肉，用心细细的洗，女人的臂膊都在水里浸得通红，有的还带着绞丝银镯子。煮熟之后，横七竖八的插些筷子在这类东西上，可就称为“福礼”了，五更天陈列起来，并且点上香烛，恭请福神们来享用，拜的却只限于男人，拜完自然仍然是放爆竹。年年如此，家家如此。

与神的交流，更是充满了禁忌。我们知道当时祭祀的时候女人是不能参加的，但是可以帮着清洗献祭的食物，摆放祭祀的碗盘，祥林嫂再嫁后，连这点资格都失去了。这种仪式一方面让我们看到古代父权社会对女性的压迫，另一方面，也看到整个“谢神”过程中的禁忌和讲究。例如摆放的八仙桌，上面都有木纹，祭神的时候木纹一定要横放，祭神以后，才可以祭祖，祭祖的时候木纹要直放，有“横神直祖”的说法。祭祀神的东西非常讲究洁净，这也是祥林嫂被完全排斥在整个祝福仪式之外的原因。在当时的社会中，女人本身就不如男人洁净，再嫁的女人就更脏了，完全不能靠近神。

2. 除夕到了

（1）年的形象

先来说说“年”。我们现在一说过年，总是喜气洋洋的。年，意味着丰盛的美食、漂亮的衣服、美丽的烟花，但是“年”的最初形象却不是这样的。

在最开始的时候，人们把“年”想象成一种怪兽，过年就是用各种手段吓走这种怪兽。人们举行祭祀，汉代还有大型的“傩舞”，利用各种手段祭祀神仙，驱除鬼怪。

在原始人类的脑海中，一年的某些特殊时刻，作为一种分节点，既是承接和延续，也有可能就是断裂，也就是一种坎儿，如果过不去，就会出问题。这种分节点既是延续又是断裂的思想，现在还存在于农村很多老人的脑海里。有些地区流行“七十三”“八十四”之说，是说老人到了七十三岁，会遇到鬼来索命，如果过去了，就可以顺顺当当地再活十多年，到八十四，又遇到坎儿，过去就又可以活到九十二岁。原始的人类对于年也有这样的想法，此时各种邪魅都会出现，如果驱除了它们，就过了这个坎儿，不然就会遇到灾难。在这样的思想下，过年就充满了敬畏和禁忌。

随着生产力的发展，这种观念开始转变，慢慢地添

《闹春图》（清）冷枚 画中绘的是一大户家族在新春之际于庭院中欢庆的场景，人物众多，以前上方坐椅官员为主人公，僮仆妇孺、童婴围绕其间，一派欢庆喜象。孩童们在端着盆景、玩着游戏、放着鞭炮。

入了世俗的喜庆意味，过年开始有了世俗的欢乐，但是也保留了当时的很多仪式，只是这些仪式成为了喜庆的一部分。例如放鞭炮，不再是为了驱邪，而是为了热闹。

“爆竹声中一岁除”，过年放鞭炮，这个习俗是一定要仔细说说的。

《荆楚岁时记》里这样记录：“（正月初一）于庭前爆竹，以辟山臊恶鬼。”除夕夜一过子时，新春开始，家家户户一起爆竹。

爆竹最初是为了辟邪，驱赶山臊恶鬼，那么这个山臊恶鬼是个什么样子的鬼呢？《神异经》里说：“西方山中有人焉，其长尺余，一足，性不畏人，犯之则令人寒热，名曰山臊。”原来他身形巨大，只有一只脚，人一碰到，就会又冷又热，染上瘟疫。《神异经》里接着写道：“人以竹著火中，烞熚有声，而山臊惊惮远去。”这个人人畏惧的恶鬼，害怕竹子在火中燃烧发出的噼啪声，所以人们就在除夕恶鬼出没的日子，把竹子投入火中。

《荆楚岁时记》是南朝的书籍，可见南北朝时燃烧竹子已经是一种过年的习俗了。到了唐代，发明了火药，人们就把火药放在竹筒里，这样爆竹就取代了燃烧

《岁朝欢庆图》（清）姚文瀚

竹子。它的声响更大，而且硫黄、硝石等的燃烧还可以用来防瘟疫，因此受到人们的欢迎。到了宋代，纸张开始广泛使用，纸张就取代了竹子，但是人们依然称之为“爆竹”。后来人们还把纸做的爆竹用麻绳编织在一起，产生了“鞭炮”。随着爆竹的制作工艺不断进步，爆竹的花样和种类也越来越多。清代小说《红楼梦》中就有对燃放爆竹和烟花的描述。爆竹也不再只是初一燃放，在除夕的晚上人们就开始燃放烟花爆竹，到子夜十二点达到顶峰。燃放爆竹既是辞旧，也是迎新，是除夕夜和初一都不可缺少的。

（2）千门万户曈曈日，只把新桃换旧符

我们现在贴的春联的前身，就是诗句中说的“桃符”。桃木，在我们的文化里一直是可以用来辟邪的树木，它是五木之精，可以制伏百鬼。

桃木上画着守护家门的门神神荼和郁垒。神荼、郁垒是两兄弟，传说玉帝派他们看着人间的鬼。他们带着一只大老虎，成了人类的守护者。但凡有鬼作恶，神荼和郁垒就把这个恶鬼抓起来，捆住喂老虎。人们把神荼和郁垒画在或者刻在桃木做的牌子上，挂在门户两侧，守护家门，恶鬼就不敢侵入，可保全家平安。

到了唐代，越来越多的人家把秦琼和尉迟恭当作门神，守卫门户。这又是怎么一回事呢？我们在看《西游记》的时候，都看到过泾河龙王的故事。一日自负的泾河龙王下凡，看到当时特别灵的算卦先生，就和他打赌。算卦先生算出了明天必下雨，并且算出了雨量。泾河龙王为了取胜，就违反天条，在下雨的时候改变了雨量。玉帝派魏征监斩泾河龙王，其他的龙王就来求唐太宗。唐太宗为救泾河龙王，就让魏征陪自己下棋。监斩的时辰到了，魏征伏在案边睡着，灵魂出窍，斩杀了泾河龙王。《西游记》中龙王的故事就到这里，其实这个故事还有后续。龙王不满唐太宗言而无信，鬼魂夜夜来闹，唐太宗寝食难安，他的大臣秦琼和尉迟恭就请命守护太宗安全。夜晚秦琼和尉迟恭守在太宗寝宫门前，龙王的魂魄以及其他鬼神都不敢靠近。此事传到民间，人们就在桃符上刻画秦琼和尉迟恭的像，作为门神，守护全家。

后来抓鬼的钟馗，也成了门神。门神的存在，反映了百姓对鬼的惧怕，希望全家远离邪魅，也是驱邪的一种仪式。

慢慢地，人们也开始在桃符上刻写一些吉利的话语，这样最早的春联就出现了。据载，最早的春联出现在五代，五代后蜀国国君孟昶亲自在桃符上写下“新年纳余庆，嘉节号长春”，这成为了我们最早的春联。

春联的水平不断提高，关于春联的小故事也层出不穷。据说喜欢下江南的乾隆皇帝在通州的时候，写下了上联：“南通州北通州，南北通州通南北。”要求其他人对出下联，可把大家都难住了，后来还是一个小随从看到通州多当铺，才对出了：“东当铺西当铺，东西当铺当东西。”也算一段美谈。更有传说，一个官员到民间体察百姓疾苦，看到一家门前的春联是：“二三四五，六七八九。”回去后派人给这家送来了过年的粮食和衣物，为何？这副春联的寓意就是“缺衣（一）少食（十）”。春联的智慧，百姓对春联的喜爱，由此可见一斑。

从这些小故事中，我们可以看到春联越来越盛行，慢慢演变成一种文化。上联贴在右边，下联贴在左边，符合古代从右到左的书写和阅读习惯。一般在除夕的白天贴春联，也有到傍晚才贴的。按照习俗，一家只要贴上春联，讨债的就不可以上门了，不吉利；借钱的也不可以开口了，防止钱财外流。所以，很多人家早早地就把春联贴上了。

春联的种类也慢慢多起来，不仅有贴在门两旁的对联和横批，也有单联，又称为“单条”，如贴在牲口棚上的“六畜兴旺”、贴在墙上的“出门见喜”、贴在谷仓上的“五谷丰登”。还有农家在红纸上写一个“酉”字，贴在各种器物上用来辟邪。酉，是白虎的代称，虎是可以用来驱邪镇鬼的，除了直接在器物上贴着“白虎大吉”，在我们前面提到的传说里，还有神荼和郁垒把恶鬼捆起来让老虎吃掉。民间传说狗血可以驱鬼，另一说却认为猫驱鬼的功力远远超过狗，鬼物根本不敢近身，而虎是大猫，更是恶鬼惧怕的动物，所以有人把虎爪处理后挂在胸前，用来辟邪。

（3）迎神、祭祖、吃团圆饭和守岁

吃团圆饭之前要先迎神和祭祖，我们在前面已经提到。迎神，就是通过祭祀，把送上天的神仙迎接回来。祭祖是祭祀先祖，首先要把先祖请回家，然后上贡品祭祀。请先祖回家的时候需要人指引，既是给先祖带路，也是告诉门神不要拦着。有些地方还要祭祀孤魂野鬼，既是为了积德积福，也是为了不让孤魂野鬼作祟。例如可以把饺子汤洒在大门外，因为有门神守卫，孤鬼进不来，他们可以在门外享用。更有地方会设立祭祀孤魂野鬼的棚子，俗称“孤魂棚”，两边贴着非常暖鬼心的对联“往日无主今有主，此处非家却是家”，横批“四方孤魂”。

整个祭祀的过程体现了对逝者的追念，对天地神灵

燃放烟花

（选自《明宪宗行乐图》）

的敬畏，以及对和谐的追求。我们也可以看到年节在古人的观念里，不仅仅是人的节日，还是一个灵性的世界。对于人神要敬，对于鬼要安抚，对于恶鬼则要驱除。祭祀完神灵和先祖，安抚过孤魂以后，就开始人的欢聚。

这一年最盛大的一顿饭，就在除夕之夜。除夕的这顿团圆饭，家人团聚在一起，将腊月里准备的各种吃食、各种美味都端上了桌。此时各种吃食都有自己的寓意和彩头，如年糕寓高升；鱼不能吃完，象征年年有余；豆腐谐音“福”等。

一顿年夜饭往往吃得格外久，年夜饭过后，就要开始守岁了。守岁，也是一个由来已久的习俗。人们摆放好瓜果点心，围炉而坐，在冬日暖暖的夜里，吃着点心，聊着天，一派其乐融融的和谐景象。

西晋时期的《风土记》说大伙终夜不睡，以待天明，称为“守岁”。南宋的《东京梦华录》里解释守岁说:“士庶之家，围炉团坐，达旦不寐，谓之‘守岁’。”读来只觉得温馨，仿佛可以看到旧时人们守岁夜话的温暖场景。

守岁的说法也很多，除夕之夜不睡，有说法认为是提醒人们时间的珍贵。也有说法，守岁是为自己的长辈祈福，祈求他们福寿绵延，是孝心的体现。最早的传说认为守岁是为了防止“年”这种怪兽的攻击。总之，守岁，处在这样一个特殊的时间点，“一夜连两岁，五更分二年”，是辞旧迎新的重要表现。

一到子夜，新年就来了，在震耳欲聋的爆竹声中，迎来了新春，都是喜气，都是希望。

清代年画《合家欢》

四、春节

除夕之后，真正的春节来了。

1. 何时是一年的开始

汉代之前，对一年开始的规定是不一样的。到汉代，采用夏朝的历法，把立春所在的月份作为一年的开始，之后一直沿用，称为“元旦”。元是开始的意思，旦是个象形字，太阳从山间出来，元旦就被当作一年的开始。到民国时期，启用公历，把公历1月1日称为元旦，当作一年的开始，但同时也保留了农历，把农历正月初一称作“春节”。

确定一年的开始也不是自然而然的，在年与年周而复始的循环中，要对开始做一个规定，就好比从一个圆上找到一点，作为起点。周朝的时候就把冬至所在的月份十一月作为一年的开始，秦王朝把亥月也就是农历十月作为一年的开始。最终，大概人们还是觉得一年的开始应该从万物复苏的季节算起吧，所以选择定在立春所在的月份。所以说，春节的确定是在两汉时期，在这之前多是把冬至当作祭祀的大日子。

2. 春节的习俗

（1）早起

春节这一天是要早起的，现在依然有早起这一习俗。早起后喝一口蜜水，一年都甜甜蜜蜜，然后开始放鞭炮吃饺子，南方主要是吃汤圆。人们认为如果这一天起得晚，那么一年都是没有精神的。

何谓早起，有的地方鸡一叫就要起了，甚至鸡还没有叫，人就已经起来了。早起放好“开门炮”，这一年都会红红火火。

（2）拜年

除夕是家人的团聚，从大年初一开始，亲友之间就要互相拜年了，就是陌生人遇见，也要说两句吉利话。

拜年就要出门，但是门也不是随便出的，要提前查好喜神或者财神所在的方向，先向那个方向走一段路，然后再去自己要去的方向。

我国贵州地区，有人来拜年的时候，是不开门的，隔着门喊“不敢当”。这种不开门的做法，表达的恰恰是一种敬重之意。

（3）屠苏酒

在写春节的一首诗里，有一句“春风送暖入屠苏”，过年饮屠苏酒，曾经是古代一个重要的习俗。

屠苏是一种草本植物，但是屠苏酒与这种植物没有关系。关于屠苏酒的说法很多。据传，屠苏酒是用大黄、白术、桂枝、防风、花椒、乌头、附子等中药浸泡的酒，饮用后可以用来祛寒防瘟疫。之所以叫屠苏酒，是因为炮制这种酒的棚屋被称为屠苏。有人说屠苏酒最早是华佗发明的，也有人说是孙思邈把屠苏酒推广开来的。关于救死扶伤的神医孙思邈有很多传说，其中一个说他住的地方称作屠苏，每年年末，他会用草药泡酒，免费发给附近的百姓，让他们喝这种酒预防瘟疫和疾病。

不管饮用屠苏酒的习俗是怎样开始的，它契合了人们防瘟疫祈福的心理，因此得到广泛推广。寒冷的冬日，饮一杯屠苏酒，全身都会热起来。

在爆竹声中，在人们的往来问候声中，新的一年开始了。但是从广义上来说，咱们的年还没有过完呢！

五、初二到十四的节俗

我们前面已说过，年还没过完，一直到正月十五，人们都沉浸在过年的氛围里。在正月初二到十四的这段日子里，有很多小的节庆，很多讲究。

1. 卜紫姑

前面我们提到过厕神，这段时间里就有了厕神的用武之地——占卜。在我国东部很多地区都流行卜紫姑，利用我们前面提到的厕神紫姑进行占卜。卜紫姑到底是哪一天，各地不同。在山东莒县、安徽桐城，卜紫姑是在正月初七，而辽宁《锦西县志》上记载是在正月十一，在浙江定海则是正月十四夜里，还有些地方在正月十五，或者正月十六。

卜紫姑的时候，妇女们扎出一具人的骨架，给它穿上女子的衣服，安上头，还要画上眉眼，戴上花。到了夜里，妇女们带着打扮好的人偶来到厕所边，开始烧纸请神，直到人偶有所动静，就是神上身了，然后妇女们开始问吉凶杂事，根据人偶点头与否进行占卜。

我国古代出兵打仗，皇帝出行，都是要进行占卜的。向天问吉凶，请求天的意思，这本身就是对天敬畏的一种表现，也是人类感到自己力量微弱，寻求支持的表现。卜紫姑，虽然不是类似巫婆术士那样专业的占卜，但是也体现了人们对占卜的需要。

有些地方不卜紫姑，但是也有其他类似的做法，例如山东招远、黄县的请簸箕姑娘。少女们在簸箕上放一碗水、一杆秤、一面镜子，有一套口诀，通过碗中的水动不动来预测自己是否会有一段美满的姻缘。

探知天命，上到帝王，下到未嫁少女，都很感兴趣。在天的面前，人类是怎样的渺小。渺小的人类又是这样认真地渴望着幸福，哪怕这种幸福是一碗水的波动，得知有的那一刻，也是满心欢喜。在充满变数的自然和人事面前，祈求确定性，是人的本性。

2. 送祖先

我们前面提到过迎神、送神，祖先的魂魄是鬼，也是神。除夕把祖先请回了家，但也不能就那么放着，要再把祖先送走才行。毕竟，人鬼殊途，即使曾经是一家人，人们也认为和鬼待在一起是不适宜的，阴阳互损，鬼损人的阳气，人损鬼的阴气。过完年，团聚完，就要把祖先送走了。每个事物都是在一定位置中的，错了位置，就会出问题，这种思想在古人观念中是根深蒂固的。

送祖先的日子各地也是不同的，一般在初二或者初三。这一天在宗祠里，或者上供祖先的供桌前，合家焚烧纸钱祭祀祖先。祭祀过后，一家之长就会喊着诸如“老爹、老娘，年过完了，您老回去吧”这样的话，把祖先送走。

如果没有祠堂，也没有专门的供桌上供，人们会在年前到老人坟前烧纸焚香，当作请祖先过年，年后也会再到坟前烧纸焚香，送祖先回去。在有些地方，初二上坟，称为“送爷娘”。

3. 老鼠娶亲

这段日子，还有老鼠娶亲的事情呢。人们通过取悦老鼠，希望没有鼠灾，希望老鼠不要毁坏粮食庄稼，说白了，就是通过媚鼠祈求平安。

老鼠娶亲的日子也是不同的，但是人们基本的做法是相同的，就是保持安静，不要打扰老鼠的喜事。例如在我们前面提到的山东莒县，就是初二老鼠娶亲，所以这天人们早早地就关灯睡了，免得惊了老鼠的喜事。

1996年是农历丙子年，受中国和汉文化影响很深的越南于当年发行的鼠年生肖邮票以“老鼠嫁女”的故事入图。

老鼠娶亲木版画

不仅这样，人们还要进一步媚鼠。在夜深人静的时候，在墙脚暗处，燃灯焚香，然后人离开；也有地方会把食物放在墙脚，给老鼠贺喜。人们早早地把自己的灯关了，只留暗处专门为老鼠设的灯。

保持安静，也演化出在老鼠娶亲这天女子不做针线活、厨师不动刀这样的习俗。

老鼠娶亲，有些地方也称为“老鼠嫁女”，让我们看到农业社会人和自然、人和动物之间密切的关系，即使是老鼠这样人人喊打的动物，但是与收成相关，人们也会采取一些方法和谐与老鼠的关系，祈求丰收和平安。

4. 初五送穷

穷，是人人都想躲开的东西，百姓们为此安排了一日专门送穷。初五，我们前面提到称为“隔开”，有些地方也称作“破五”，就是节日基本到此，要恢复正常的生活节奏了，这天很多商家要开门做生意了。当然，一切真正回归正常要到正月十五以后。

初五之前人们是不打扫卫生的，认为家里都是财气，打扫卫生，很容易把财气扫走。到了初五，开始打扫卫生。倒出去的垃圾，人们给了它一个说法，就是

民国木版年画《财神像》

“送穷”，把穷神送走了。复杂一点的地方，还需要一个送穷的形象，把这个形象送走，好像家里的穷就都送走了。扎一个纸妇人，她被称为“五穷妇”，后面背着一个袋子，把家里打扫的垃圾倒在这个袋子里，送出大门。“五穷妇”是送穷的人，并不是穷神，所以她又被称为“扫晴娘”“送穷妇”。

穷神还真有，又叫作“穷子”。据宋代陈元靓《岁时广记》引《文宗备问》记载：“颛顼高辛时，宫中生一子，不着完衣，宫中号称‘穷子’。其后正月晦死，宫中葬之，相谓曰‘今日送穷子。’”这个小孩子瘦瘦小小，很怪，就是不穿新衣服，好好的衣服也一定要弄出洞才肯穿，也不爱吃鱼肉，爱喝稀饭，所以被人们称为“穷子”。

初五一些地方送穷，另一些地方就接财神。那里的人们认为初五是财神爷的生日。只要有可能，百姓真的会把一切都跟吉利扯上关系，财神爷有了生日也就不奇怪了。套用现在一句流行的网络语言：只想问，初五是财神爷的生日，财神爷他自己知道吗？

不过把正月初五当作财神的生日，也是有道理的。在我们的文化里，财神并不是只有一个，而是五个，称为“五路财神”。民间认为是赵公明及其四个义兄弟。在《封神演义》中，姜子牙封赵公明为玄坛真君，四个义兄弟分别被封为统帅招宝天尊萧升、纳珍天尊曹宝、招财使者陈九公、利市仙官姚少司。玄坛是道教的斋坛，也就是护法的意思，虽然赵公明没有被姜子牙直接封为财神，但是他统帅财神，被认为是武财神，他和旗下四大财神一起负责民间祥瑞和财富。江浙一带就有

“五路财源五日求”的说法，在初五这天拜财神，求财源。人们把财神爷的像挂好，摆起供桌，摆上丰富的贡品，虔诚而热情地给财神爷庆生。也有地方是到路口接财神，他们认为五路财神是偏财神，接到可以发横财。

5. 初七人日

正月初七是人日，人的日子。西方的上帝每天都忙着造出一个新的事物，我们的女娲也是这样。初一造出鸡，初二造出狗，初三造出猪，初四造出羊，初五造出牛，初六造出马，初七造出了人。所以正月初七被定为人日。

人日有哪些习俗呢？《荆楚岁时记》：“正月七日为人日。以七种菜为羹，剪彩为人，或镂金箔为人，以贴屏风，亦戴之头鬓。又造华胜以相遗。登高赋诗。”这一天人们要用彩纸或者金箔剪出人形，称为“人胜”，或者剪出花形，称为“花胜”或“华胜”，把人胜戴在头上，或者粘在屏风上，相互之间送花胜。饮食上，正月初七人日这天，要吃七草粥，就是用七种菜熬制的粥。然后登高望远，赋诗作对，相互娱乐。人日从汉代就有，唐代依然很重视，皇帝还会在这天专门赠送花胜给百官。这一天的习俗，多与人有关。七草粥对人的身体有益，登高可以锻炼人的身体，相互赠送花胜也是人与人之间的社交。有些地方，在这一天男女老少还要称体重，以示对身体的关心。

当然，这一天依然有占卜的影子。如果这一天天晴，那么一年人们都会健康顺当，如果这一天是阴雨天气，那么这一年都会多病多灾。

人类自身力量越弱，或者所求越是超出自己的控制，就会越寄希望于占卜。前面我们说过，这是人性。所以在很多节日里，都可以看到占卜的影子，无他，皆人的需要。

从这些节日习俗里，我们可以感受到古人生活在一个万物有灵的时代，人们小心地与万物和谐共生，利用一切方式，祈求平安和幸福。

六、元宵节

元宵节，在今天依然是一个重要的节日，吃汤圆、看花灯、猜灯谜的节日习俗依然保留着。这是春节的尾声，是人们最后的团聚，所以格外隆重。现代社会，一般过完元宵节，在外读书的子女就陆续离家，打工的人群也开始告别家乡。如果有可能，人们总是希望过完元宵节，再离开家的。

1. 元宵・上元

元宵节，元是元月，宵是夜的意思，这是一个在夜晚庆祝的节日。一年里头的第一个月圆之夜，当然是有特殊意义的。

元宵节又叫上元节，为何呢？这是受道教影响。道教有“三元”之说，农历正月十五为上元节，天官赐福日；七月十五为中元节，地官赦罪日；十月十五为下元节，水官解厄日。元宵节就是正月十五，上元节，这一天天官赐福，整个节日充满喜庆的气氛。

元宵节是从汉代开始的，汉代的时候佛教传入，汉明帝为了敬佛，要求人们在元宵节燃灯，这也推动了元宵节的普及。

元宵节与道教、佛教都相宜，它更是人们的狂欢节。

2. 闹元宵

元宵节怎么过？我们都知道要吃汤圆、点灯、赏花灯、猜灯谜，也会舞龙舞狮。如果用一个字来概括，就是“闹”，有点像先秦时期的蜡祭，是一种狂欢节的形式。

我们都知道，唐朝时有宵禁，但是元宵节期间的三天是没有宵禁的。平时一到晚上就一片漆黑安静的长安城，元宵节期间是张灯结彩，灯市如昼，热闹非凡。唐代崔液就有诗写道：“谁家见月能闲坐，何处闻灯不看来。”而著名诗人李商隐的诗句“月色灯山满帝都，香车宝盖隘通衢”也写出了元宵节的热闹氛围。苏味道描写元宵节的夜晚灯火，直接用了“火树银花”四个字，从中可以看到那时候元宵节的盛大与热闹。

宋代对女性束缚加强，女子不可以随便抛头露面，元宵节却是例外，这一天小姐太太都会出来赏灯猜谜。

多少男女之间的故事，经由元宵节开始，欧阳修的《生查子》就是写元宵节的约会:“去年元夜时，花市灯如昼。月上柳梢头，人约黄昏后。”宋代词人李清照回忆她的元宵节，是这么说的:“中州盛日，闺门多暇，记得偏重三五。铺翠冠儿，捻金雪柳，簇带争济楚。”这一天闺门女子也会细细打扮，来过这一年一度的盛日。

元宵节，可不就是一个狂欢节嘛！在那个男女授受不亲的时代，男人和女人都走出家门，在被灯光装点得如同白昼的夜晚，尽情游赏。

宋代陆游在《老学庵笔记》里讲了一个关于元宵节的有趣故事。当时一个叫田登的人做了州官，他要求人人都要避讳他的名字，所以州里人都不敢说“灯”，要点灯都只能说点火。到了元宵节，官府要放灯，让百姓前来观看，与民同庆，提前要出告示，但是这个“灯”怎么办呢？结果告示就成了:“本州依例放火三日。”一时满城皆恐，不知何故，到最后明白了真相的百姓真是啼笑皆非，由此就有了那句著名的“只许州官放火，不许百姓点灯”。

像这样的趣话，真是给元宵节增添了几分热闹。趣话不仅民间有，天上也做了贡献。传说玉皇大帝特别喜

元宵节踩高跷
（清代北京画工字画）

欢的一只天鹅，没事跑到民间来玩，被猎人一箭射死了。玉皇大帝气得啊，竟然要一把火把整个人间烧了。从这里我们就可以看到，在百姓的心中，神都是易怒的，一个不小心就会惹到他们，惹到以后的惩罚就是真正的滔天大罚，所以对神一定要毕恭毕敬。但是谁知道那个天鹅是天上来的，还是玉皇大帝的爱物！人类因此要遭受的祸患，与《圣经》里面上帝要用水把人类都淹死真是异曲同工。

西方的路线，上帝想放水，那就是得放水，还放了七七四十九天，除了诺亚方舟，其他地方真的就是什么都没了。而我们这个传说的结局，就体现了中国人特有的灵活与狡黠，即使是神，也带上了浓浓的人情味道。

那个领命火烧人间的官不忍心，就嘱咐元宵节人人点灯、放灯，不然会有灭顶之灾。人们都照办，这一天纷纷点灯、放灯。这个官就让玉皇大帝向下看，玉帝一看人间一片红彤彤，可不是一片大火嘛！人类因此幸免于难。神通广大的玉帝当然是无所不知的，但是在我们的思维里，这种故事偏偏就是可以发生的。

关于元宵节的故事是趣话，连玉帝发怒的传说都带着一点趣味性，元宵节，就是人们的狂欢节啊！

3. 占卜

如此盛大的元宵节，也是占卜的好日子。这一天很多人依然要进行占卜，问天气，问吉凶，问年成，人们有太多想问的。

占卜的方式之一，就是请神，前面提到的可以占卜的紫姑神（包括另一个厕神戚夫人戚姑）、簸箕神，都是妇女们请求的对象。除此以外还有针姑、门姑、臼姑等。针姑是制衣之神，宋代范成大写道："以针姑卜，伺其尾相属为兆。"门姑、臼姑都是附着在门上的神，承托门轴的就是门臼。

在台湾地区有些特别的占卜习俗，不是通过神，而是通过一些行为和物件实现。没出嫁的女孩子能偷到别人家的葱和菜，就代表来年可以嫁到好人家，有"偷得葱，嫁好公；偷得菜，嫁好婿"的说法。更有趣的是，已经出嫁的姑娘，偷到人家的喂猪盆，并且被人家骂，来年就会生一个胖小子。

很多人这一天会在家里每一间屋子都点上一盏灯，根据灯油燃烧的情况，判断来年的雨水状况。或者用面蒸出小窝窝，窝窝上面捏角，一个角代表一月，两个角代表二月，一直到十二月，里面放上食物油，安上灯捻，点起，放在不同房间里，根据灯烧完后所剩灯油的多少，来判断哪一个月份雨水多，哪个月份少。如果哪个月份灯油烧干，就会有旱情。隔天这些窝窝做的灯，热一热就可以吃了。

看起来充满神奇气息的占卜，表达的也都是人们最简单和朴素的心愿。

第二章，春生

一、二月二

1. 龙抬头

二月二，龙抬头，所以这一天很多活动都与龙有关，这一天的饼叫“龙鳞”，这一天的面叫“龙须”，这一天的饺子叫“龙耳”或者“龙牙”。这一天母亲总不忘叮嘱在外面读书的属龙的孩子一定要吃水饺，补补龙牙、龙耳朵。

过去民间多在这一天祈雨，因为龙王是主管人间雨水的，这天龙抬头，龙王出没，民间雨水开始增多。这一天禁止在水边捕捞鱼虾，担心不小心捞起龙卵，惹怒龙王。在河边行走的时候，也不可以大声喧哗，以免惊扰龙王。这一天的很多活动，就是通过敬龙王，来祈求这一年的风调雨顺。有些地方的风俗是当天妇女不可以动剪刀，防止戳伤龙的眼睛，还有些地方妇女这天不许洗衣服，怕伤了龙皮。

说二月二龙抬头，不是凭空而来，它与古代星象有关。古人观察星象，以定天时，把天空中的星星分为二十八个星座，称之为“二十八星宿”，又结合我们的四方四时观念，把二十八个星宿分为“四象”，就是我们所熟知的：东方青龙，西方白虎，南方朱雀，北方玄武。东方青龙由七个星宿组成：角、亢、氐、房、心、尾、箕。角宿代表龙的角，角宿有两颗星，代表着龙的两个角；角宿后面有四颗星组成亢宿，代表龙的咽喉；亢宿后面的四颗星排成簸箕形状，这就是氐宿，代表龙的爪子；房宿、心宿代表龙的心脏，尾宿和箕宿代表龙的尾巴。

东方青龙的变化，正好对应了农作物的春生夏长，秋收冬藏。春天，青龙星座在东方天空出现，此时农作物就要播种了；到了夏天，青龙移动到南方天空，农作

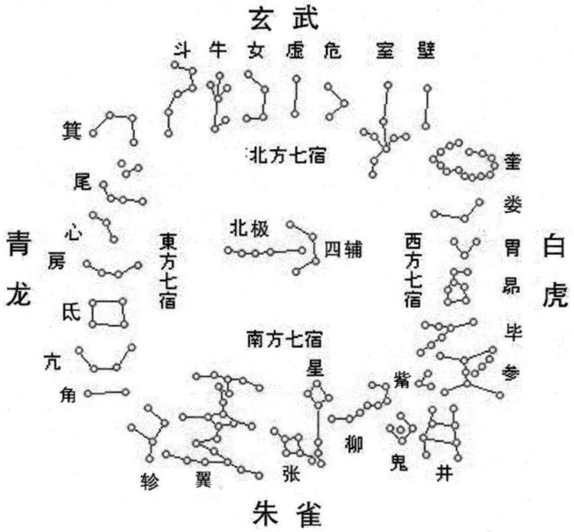

二十八星宿图

物勃勃生长；秋天，青龙从西方慢慢落下，农作物收获；冬藏对应的就是青龙消失在北方地平线以下。

二月二，正是角宿出现的时候，即龙抬头。到了这一天，农民就要开始准备耕种了。传说伏羲帝会在二月二这一天亲自下田，用自身的行动提醒百姓应该开始农业耕作了，有古语“黄娘送饭，御驾亲耕”。后来皇帝亲耕成为一个重要的规范，皇帝每到这时候，就要在自己的“演耕田”里进行耕作，给百姓作出表率，这块田的大小是一亩三分，我们常说的管好自己的一亩三分地就是从这里来的。

2. 与虫有关

二月二，除了与龙有关，还与虫子有关。二月二，很快就到惊蛰了，百虫复苏，纷纷从土壤中钻出来。所以这一天的很多活动都是要防虫的，避免虫害。

在有些地方，这天起床不能说“起床”，一说就会把虫子叫起来，危害庄稼，只能说“下床”。很多地方都会吃炒豆子，吃炒豆子在河南洛宁叫“食蝎子毒”，吃了炒豆子，蝎子这样的毒虫就不敢近身了；宁夏叫“炸臭虫”，炒豆子的过程就是把虫子一遍遍油炸，以此做法表达农民对虫害的抵抗；甘肃叫“点虫眼”。不管叫什么都体现了农人要对抗害虫、远离虫害的心愿。

3. 二月二的饮食

二月二有很多饮食讲究，例如我们前面提到的“食龙鳞”（吃饼），“吃龙须”（吃面），“食龙耳”、“咬龙牙”（吃饺子），“食蝎子毒”、“炸臭虫”、“点虫眼”（吃炒豆子）。

有些地区会用芥菜炒米饭给孩子吃，据说吃芥菜饭可以明目，还可以预防疥疮。其实，我们可以想象，在生产力不高的古代，食物是匮乏的，当冬天过去，万物复苏的时候，农民看到了地里可以食用的芥菜是多么欣

《雍正皇帝祭先农坛图》(局部)

喜，可是智慧的中国人民还一定要用丰富的联想赋予这一行为更多的解释和意义。这些反映的都是朴素的劳动人民的心愿。

二月二还有吃猪头肉的习惯。在旧时吃肉也是很稀罕的，过年杀一头猪，吃整个年节，猪头会挂起来，留着二月二这天祭祀龙王。

也有地方这天要吃爆米花，背后也有小故事。据说一方百姓中有人得罪了玉皇大帝，玉帝以不给这里降水作为惩罚。一个龙王看到生灵涂炭，心生不忍，于是布云施雨。玉帝知道后大怒，气得说除非金豆开花，否则龙王要一直承受天罚。百姓为了救善心的龙王，到处找开花的金豆子。有一天发现玉米就是金色的豆子，一炒就爆开了花，这不就是金豆开花嘛！于是二月二，人们都做爆米花，玉帝一看民间都是金豆开花，就放了龙王。

4. 二月二剃头

二月二这天很多地方都兴剃头，据说这一天理发可以保佑一年的平安。其实我们听到另一个规矩，就知道二月二真得理发。我们传统里有正月里不许理发的规矩，理发的结果不是一句“不吉利”来打发，而是很明确的诅咒——“正月里不剃头，剃头死舅舅”。这种看似滑稽的说法背后藏着的却是明末清初的文人士大夫对大明江山的追念。满清入关后命令“留头不留发，留发不留头”。因为剃发，爆发了“扬州十日”“嘉定三屠”，很多汉人因此而死。有些士大夫就在正月这个月不剃头发，以此纪念旧的王朝，为的是“思旧”，但是这种想法显然不能直说，就谐音成“死舅”，因此有了正月里剃头会死舅舅的说法。

正月剃头不好，二月初二剃头好，它的开始也许跟“思旧”有关，但是这种习俗能流传至今，一定是因为符合了百姓的心理。为了过年有个新气象，腊月里人们都会理发、沐浴、更衣，到了正月自然不用再理发，而且人们的观念里正月里连打扫都不用，防止财源外流，当然也不愿意剪头发。一个多月不理发，到了二月自然会想理发，所以二月理发的人也就比较多。

二月二，龙抬头，万物复苏，农耕开始。

二、寒食节

在时间上，寒食节本就离清明很近，为清明节前一二日，扫墓、插柳、踏春等很多习俗与清明也相似，后来就被并入了清明节。但是，在古代，寒食节曾经是非常重大的节日，而且寒食节与清明节是具有不同意义的节日，寒食节禁火，清明节取新火。在这里，依然为大家介绍已经消失的寒食节。

1. 介子推的传说

寒食节是为了纪念春秋时期的忠义高洁之臣介子推的。春秋时期，晋国公子重耳带着几个亲信大臣流亡在外。走到一处荒凉之地，重耳没有东西吃，这时候介子推为重耳端来了一碗肉汤。饥肠辘辘的重耳非常高兴，吃完以后问介子推哪里来的肉。原来介子推割下了自己大腿上的肉给重耳炖汤。重耳知道后非常感动，感叹介子推的忠义，一直想报答他。后来，重耳脱险回到了自己的国家，当上了国君，即历史上的晋文公。当时跟他

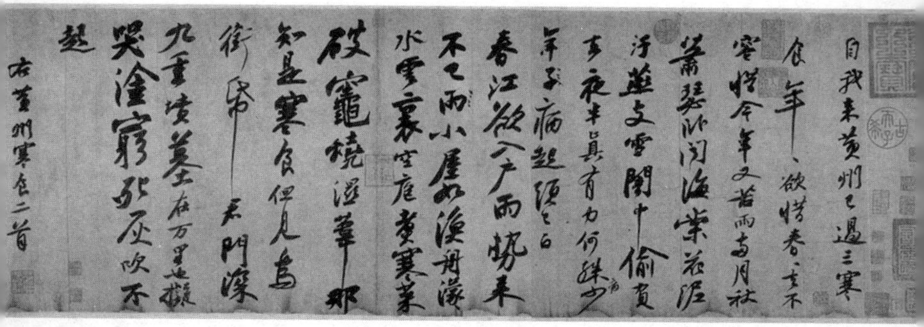

《寒食帖》（宋）苏轼《寒食帖》是苏轼行书的代表作，是苏轼被贬黄州第三年的寒食节所发的人生之叹。诗写得苍凉多情，表达了苏轼此时惆怅孤独的心情。

一起逃难的人都受到了重赏。介子推看到有些大臣争宠的丑态，不屑与之同列，就离开了王宫，重耳也慢慢忘记了他。离开王宫的介子推带着老母亲来到了绵山，在这里亲自耕田，奉养母亲，过着清贫的日子。后来重耳想起了介子推的大恩，决定嘉奖重用，但是介子推却不肯出山。重耳亲自来请，介子推断然拒绝。无奈之下，重耳听从了下属的建议，火烧绵山，想逼出介子推。谁知，漫山大火过后，大家在一棵烧焦的老柳树下发现了介子推和他的母亲，两人相抱死于老柳树下。看到此情此景，重耳非常伤心，就宣布这一天为寒食节，禁止使用火。百姓们因为赞赏介子推的高洁，也恨这一天烧死他的火，所以在这一天都不使用火。

2. 敬火的传统

寒食节因为介子推成为一个纪念先贤的节日。但是它并不是起源于此，它的源起与先民对火的敬畏有着重要的关系。

火，对于人们的生活有着重大的意义，同时它又变幻莫测，具有让人惊叹的威力，所以人们对火的敬畏早已有之，很早的时候就有根据不同季节“改火”的说法，即不同季节使用不同的木材。《改火解》上说:“四时之火，各有所宜，若春用榆柳，至夏仍用榆柳便有毒，人易以生疾，故须改火以去兹毒，即是以救疾也。”寒食和清明就是一个改火的过程，要改用新火，就要停止使用旧火，所以就有完全禁火的日子的出现。介子推的传说给了这个活动一个更明确的意义，寒食节也就正式确立了，于是有了“四海同寒食，千古为一人”。寒食节一开始禁火一个月，吃一个月冷食毕竟不适宜，后来改成了七天，最后又变成了两天、一天。

唐代的时候，寒食节达到了鼎盛时期，据说这时候如果在谁家的炉子里发现用过火的痕迹，那家就有可能被处以死刑。有唐诗说:“春城无处不飞花，寒食东风御柳斜。日暮汉宫传蜡烛，轻烟散入五侯家。”寒食节这天，都要禁火，一直到傍晚，唐朝宫里会燃起蜡烛，受宠的权贵经由皇帝恩赐可以使用火。火的使用，因为寒食节严格的禁火规定，在这一天成为了特权的体现——一片漆黑中，唯有皇宫和权贵的院落中有火，全城其他人只能于黑暗中吃完冷食，早早睡觉。

3. 冷食

没有火，只能吃冷食。这一天要吃提前准备好的食物，寒食粥、寒食面，都是冷的。《荆楚岁时记》记载：“去冬节一百五日，即有疾风甚雨，谓之寒食。禁火三日，造饧、大麦粥。”饧，就是一种熬制的麦芽糖。也有青精饭，又叫乌饭，是用一种叫“乌饭芦”的树叶的汁液加入糯米中做成的饭。青精饭起源于道家，可用来滋养身体，比较养生。

唐诗里有很多地方写到了寒食节的冷食，例如“杏花香麦粥，柳絮伴秋千”“杏子粥香如冷饧”，虽然吃的是冷粥，但是伴着春来的杏花香，也是别有一番滋味。写寒食节的唐诗更多，由此也可见寒食节在唐代的重要。

至于寒食节其他习俗，诸如扫墓、插柳、荡秋千、踏青，因为和清明一样，两个节日又只差一天，后来寒食节更是直接被清明节取代，我们就在下一节讨论吧。

三、清明节

“清明时节雨纷纷，路上行人欲断魂”，这句脍炙人口的古诗，写的正是清明节的情景。

何以“路上行人欲断魂”呢？因为清明节是三大鬼节之一，另外两个分别是七月十五中元节、十月初一寒衣节。清明节的一个重要活动就是上坟扫墓。这一天人们不仅仅为逝去的亲人上坟，连亲人附近的坟都会一起照顾。新中国成立以后，每年清明，我国中小学校都会组织集体扫墓的活动，学生们准备好小白花，献给为国家牺牲的烈士。

在古人的思想里，人虽死了，但是灵魂还是在另一个世界活着的，所以除了人的节日、神的节日，还有专门的鬼的节日。在鬼节，鬼门关大门洞开，鬼可以随意出入。清明节主要是祭祀家鬼和善鬼，所以鬼节的气氛没有中元节那么浓重。这里顺便提一句，三大人节就是春节、端午和中秋；三大神节是三月三上巳节、六月六天贶节和九月九重阳节。

清明节本来只是二十四节气之一，后来成为一个节日，并由附属于寒食节，慢慢吸收了寒食节，成为扫墓祭祖的重要节日。

1. 清明风

《淮南子·天文训》有："春分后十五日，北斗星柄指向乙位，则清明风至。"《岁时百问》上也有："万物生长此时，皆清洁而明净，故谓之清明。"这里说的都是清明这个名字是怎样得来的。当然，这时候清明还只是一个节气，真正成为一个重要的节日是在唐朝。唐朝时期，已经有很多人把清明和寒食并在一起来说了，唐诗"寒食花开千树雪，清明火出万家烟"，把寒食与清明并列，写出了去旧火、取新火的一个传递过程。白居易的"乌啼鹊噪昏乔木，清明寒食谁家哭"，说明祭祀活动中清明和寒食已经被放在一起。

所谓的"清明风"是八风之一。风，根据风向，分为东、南、西、北，以及东南、东北、西南、西北。古人给每一个风都取了一个名字，东南风取名为清明风，大概是因为在湿润而温暖的东南风的吹拂下，万物生长，一切都清洁而明净的原因吧！

有清明风，也有清明雨，"清明时节雨纷纷"写的就是清明雨，这时候的雨也是温暖的，滋养万物。

2. 扫墓

我们常说的扫墓，简单一点，像小学生到烈士陵园放一些小白花，复杂一点就有各种程序了。

首先要送纸钱。在我们的思想里，鬼魂的世界和现世是没有什么区别的，他们也要花钱，只不过是在另外一个我们到不了的地方罢了。活着的人要为死去的亲人送纸钱，如何才能送到先人手里呢？最常用的方法就是焚烧。纸钱焚化后化作青烟，就能被生活在另一个世界的人收到。也有把纸钱压在坟头上或者沿路撒散的，撒纸钱的时候叫着先人的名字或者称谓，他们就可以收到。

送完纸钱后还要添坟，就是挖新土添加到坟上，对坟进行简单的修整。清明时节，雨水开始多起来，坟容易受到损坏，所以利用清明扫墓的时节提前把坟修整好，可以抵御雨水的冲蚀。

有些地方在扫墓以后，族人还会聚集在坟墓附近，一起分享祭祀用的食物。这样可以加强活着的亲人之间的感情，起到敦亲睦族的作用。死去的亲人是他们共同的祖先，是他们之间的纽带，在坟边分享祭品，就是再次加强了这种联结。

3. 插柳

清明时节插柳，是为了辟邪驱鬼。在佛教中，观音的形象就是右手持杨柳枝，所以人们认为柳枝可以驱鬼，防治百病。北魏时期的《齐民要术》里就有“取柳枝著户上，百鬼不入家”的说法。清明又是鬼节，就要插柳防止鬼进入，也有地方会戴柳，把柳枝戴在头上。

介子推的故事中，介子推就是死在一株柳树下。第二年，晋文公重耳重新到了介子推死的地方，发现烧焦的柳树生出了新芽，就取下柳枝，纪念介子推。传到民间，这一天，人们也都插柳、戴柳，以此纪念高洁的介子推。

4. 踏青、荡秋千、放风筝

清明节也叫“踏青节”。东南风和煦地吹着，天气回暖，大地重新恢复了绿色，收敛了一冬的人们也忍不住走出家门，嬉戏玩耍。清明节踏青这一点是吸收了三月三上巳节的习俗活动，到自然中调整经历了寒冬的身心。

朝廷曾一度禁止清明踏春，认为祭祀祖先的时候还伴着踏春嬉笑，是对祖先的不敬，但是终究因为不合人情，没能执行下来。人们的身心都渴望在东南风里舒展开来，一纸禁令怎么能关得住？更重要的是，死亡在我们的文化中并不是一件悲哀的事情，我们是“视死如生”的，人们

踏青

（选自宋《春游晚归图》）

相信先人在另一个世界继续活着。敬死，很重要的一点也是为了佑生，保佑活着的人可以更好地生活。

荡秋千是女子非常喜欢的清明节活动。不仅民间，宫廷里在这一天也会搭起秋千，妃嫔婢女都会荡起秋千。《开元天宝遗事》记载：“天宝宫中，至寒食节竞竖秋千，令宫嫔辈戏笑以为宴乐。帝呼为半仙之戏。”秋千最早产生的时候只有两根绳子，是为了荡起来以后够到高处的食物，后来在发展过程中才加上了中间的木板。开始也不叫秋千，而叫千秋，为了避讳对帝王“千秋万岁”的颂辞，才把名字改成秋千。荡秋千，是生命

荡秋千

（选自清《月曼清游图册》）

活力的展现，正符合寒食清明时期万物复苏、一切生机勃勃的景象。

清明节也会放风筝，人们把疾病和困苦都写在风筝上，把它放得高高的，然后剪断风筝线，让风筝把一切疾病和困苦都带走。因此也有说法，不能随便捡掉落的风筝，免得捡到别人放出来的疾病。

清明扫墓、戴柳

（清代绘画《清明戴柳》）

四、二月和三月里的其他节日

1. 春社日

我们常说“社稷”，社是土地神的意思，稷是五谷的意思。传说水神共工的儿子叫句龙，每次发洪水的时候，句龙就让大家都躲到高山上去，没有高山就挖土堆出一个山丘。句龙死后，成为土神，也叫作社神。

社在甲骨文中和土的字形是一样的，都像女性的生殖器。我们常常把大地比作母亲，我们也把男子称为天，女子称为地，女子和土地相近的这种思想原始社会就有。

古时社日包括春社和秋社，一年两次祭祀土神。在社日，可以祈求风调雨顺、消灾免难，也可以祈求婚恋、子嗣、战争的胜利。社日是我国最古老的节日之一。在先秦时期，只有社日和蜡祭两个节日。据载，秦昭王大病初愈，感激上天垂爱，想大摆筵席，祭祀上天，被臣子制止，理由就是不是社蜡，不应该进行祭祀。

春社是在二月，最初没有定日，直到宋代以后才把立春后第五个戊日定为社日。春社的兴衰，有学者认为

《春社图》（明）张翀

起源于三代，初兴于秦汉，传承于魏晋南北朝，兴盛于唐宋，衰微于元明及清。在先秦时期，春社也是男女恋爱幽会的狂欢节，春光明媚，气候回暖，正适合男女之间幽会嬉戏。那时候人们还没有受到礼教的约束，男女在性的观念上也更为自由和开放，享受生活也总是以狂欢的形式进行。他们并不认为性是丑恶的，而是自然的，是阴阳、天地、动静和刚柔之间的沟通与结合，是合乎天地的自然之道。“桑社”，就是上古时期天然的交合场合。有一种说法，六十岁的叔梁纥就是在桑社遇到了一位颜姓女子，生下了孔子。

春社分官社和民社，官社程序烦琐，为的是祈求神灵保佑一方；民社也祭祀土地神，祈求消灾，但是多了很多娱乐活动。

虽然春社这个节日式微了，但是节日中的很多活动却保留了下来，例如祭祀土地神，例如节日期间的民间娱乐活动。社日一般要演戏，鲁迅的《社戏》里赵庄就是年年都要演社戏的。

2. 花朝节

这一天被认为是百花的生日，但是不同地方日期又不同，有的地方认为是农历二月十二，也有的地方认为是农历二月十五，更有地方认为是二月初二或者初八。

这一天人们祭祀花神，可以直接在花园内祭祀，也可以到花神庙去烧香。女子们会剪红纸，挂在花枝或者树上，称为“赏红”。传说不给花木赏红，花木就会不高兴，就不会再积极开花结果。人们也会在这一天踏春出游，宴饮赋诗，和百花一起享受春光的美好。

我们是一个爱花的民族，所以连百花的生日都惦记着，会专门为了花过节。十二个月份，不同月份有不同的代表花，也有不同的掌管这个月花木的花神：

正月梅花——寿阳公主、二月杏花——杨贵妃、三月桃花——息夫人、四月牡丹——李白、五月石榴——钟馗、六月莲花——西施、七月蜀葵——李夫人、八月桂花——徐惠、九月菊花——陶渊明、十月木芙蓉——石曼卿、十一月山茶——白居易、十二月水仙——娥皇与女英。

寿阳公主成为一月的花神，与“梅花妆”有关。她是南朝宋武帝刘裕的女儿，一日在含章殿的檐下休息，几瓣梅花落在了她的额间，醒来后拂掉梅花，梅花的印子却拂之不去，印在寿阳公主雪白的额头中央，分外美丽。后来人们纷纷效仿寿阳公主画梅花妆，也纷纷传说寿阳公主是梅花的精灵变的。

传说杨贵妃在马嵬坡之变中死去后，人们把她的尸

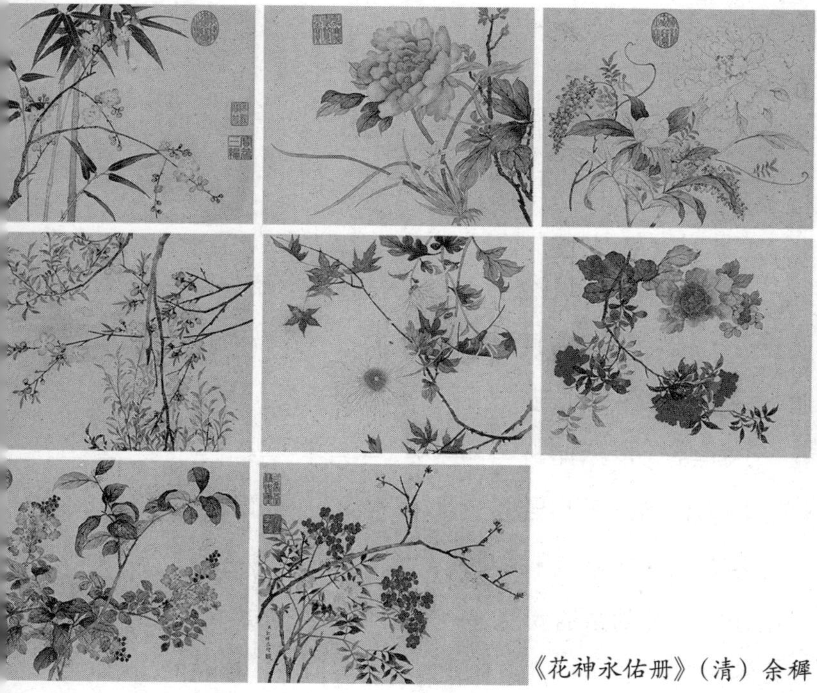

《花神永佑册》（清）余穉

《花神赋图》(明)仇英

体悬挂在佛堂前的杏花树上。唐玄宗后来前去为她收尸的时候，看到一片洁白的杏花飘扬不去。唐玄宗为了再见杨贵妃，找遍能人异士进行招魂，终于找到杨妃的魂魄，她那时候已经成为杏花之神。

息夫人是春秋时期著名的美人，美到他国之君见之一面，就会发动战争抢夺。我想，希腊神话里的海伦，大概就有着和息夫人一样让人渴望占有的美丽吧？这样的女人到底有着怎样动人心魄的美丽？只有记载说，息夫人面若桃花，因此成为桃花之神。

蜀葵挺拔俊丽，朝开暮落，生命非常短暂，就好像倾城倾国的李夫人，仿佛刚刚唱起“北方有佳人，绝世而独立，一顾倾人城，再顾倾人国”，一回头的芳华，已经动了大汉天子的心，但还未来得及再回头，倾城与倾国，佳人不再得，美人尚未迟暮，已经香消玉殒。

徐惠是唐太宗李世民的宠妃，一代明主钟爱的女人不仅美丽，更是才华横溢，敢于直言。“仰幽岩以流盼，抚桂枝以凝想”，写的是桂花，也是自己。太宗死后，徐惠哀伤不已，二十四岁便随太宗而去。徐惠当桂花的花神，合了桂花的大气，她的深情也让后人喟叹不已。

娥皇、女英和舜之间有太多感人的故事，到了最后亦是一个凄美的结局。舜南巡途中劳累而死，在那个通讯不发达的时代，娥皇与女英只知道丈夫迟迟未归，于是南下寻夫，却只找到丈夫的墓碑，于是泪洒青竹，投入湘江殉情而死，化作了江边的水仙花。

李白、白居易是因其文采，写出了他们所掌管的花的美好，被奉为花神。陶渊明不仅有“采菊东篱下”的文采，更有不为五斗米折腰的风骨，这些都配得上凌寒而开的菊花。石曼卿是北宋著名的文学家，才华横溢，豁达大气。李商隐的“天若有情天亦老”，人们认为奇绝无对，结果石曼卿对出“月如无恨月长圆”，技惊四座。石曼卿死后，人们认为他做了芙蓉城的城主，也因此成了木芙蓉的花神。

文人爱花，写出咏花名作的文人当然不少，美人也爱花，与花儿发生联系的美人更不少，所以关于十二花神就有各种版本，有人说牡丹花神是甄宓，也有人认为牡丹花神是欧阳修，众说纷纭。

对于一种花的花神到底是谁，从来不重要，重要的是他们与花那些美丽动人的渊源，是花儿带给人的无穷想象，是像花一样美好的人，是人们对美好事物无尽的渴求。

第三章，夏长

时序进入了夏季。夏季是生发的季节，万物都开始勃勃生长。人与自然步调总是一致的，在这个季节里，人也充满了生气，忌讳懈怠。但是随着天气愈加炎热，疫病渐多，所以防治疫病，净身祈福，也成为这个时段节日的重要特点。

一、端午节

端午节与春节和中秋节一起，被认为是我国最重要的三个传统节日。

1. 毒月遇到毒日

五月，被认为是一年中最坏的一个月，有“毒五月”和“恶五月”之称。换季时刻，一切都处于浮动之中，不管是气候还是人体本身的系统，都处于不稳定的状态，容易受到外物影响。而五月，又是细菌滋生、毒虫出没的月份，被称为“五毒虫”的五种毒物毒蛇、蝎子、壁虎、蜈蚣、蟾蜍，在五月都开始出没。《荆楚岁时记》中有“五月俗称恶月，多禁”。而在《吕氏春秋》中对五月的说明是“是月也，日长至，阴阳争，死生分”，五月就是阴阳相争、生死之分的一个坎儿。

在毒五月中，又有几天特别毒，称之为“九毒日”，分别是初五、初六、初七、十五、十六、十七以及二五、二六、二七。毒月遇上毒日，而五月初五又是其中最毒的，因为重五。古人讲究阴阳调和，五本身就是阳数，重阳更是阳上加阳，被称为“极阳”之日，所以五月初五被认为是非常凶恶的日子，可谓九毒日之首。

古人认为生在五月初五的孩子都是不吉利的。春秋战国时期著名的四公子之一的孟尝君就是生在五月初五。他的父亲认为“生于户，损父”，生在谁家，谁家倒霉，还会损害到父母，所以不想要这个孩子，多亏母亲的极力劝说，孟尝君才活了下来。由此可见，端午在古时是多么令人畏惧的日子。

在这样的日子里，古人讲究茹素戒淫，饮食清淡，忌讳各种淫邪之事。耗损心神，毒气容易侵入人体，损害健康，所以端午节的很多节俗都是围绕着躲五、驱邪避毒进行的。

2. 端午节的由来

(1) 三闾大夫屈原

端午，端是正的意思，初一称为“端一”，初五就称为“端五”，而五月在天干地支纪年法中是午月，所以五月初五这个节日叫作“端午”。

说到端午节是怎么来的，我们最熟悉的说法就是为了纪念投江而死的屈原。这位有着木兰花香一样美好气节的诗人，“长太息以掩涕兮，哀民生之多艰”，关心人民疾苦，却落得“吾独穷困乎此时”，失去了楚怀王的信任，最后投汨罗江而死。

人们为了纪念屈原，投糯米团子到汨罗江里。有个叫区曲的人告诉大家，他遇到了屈原的魂魄，三闾大夫屈原告诉他投入江中的糯米团子都被蛟龙抢去了，再祭

明重刻本《历代古人像赞》中的屈原题跋版画像

祀的时候可以用楝叶包裹，用彩色丝线缠绕，蛟龙最害怕这两样东西。

屈原的品质让这个本来凶恶的节日染上了感人之处，具有了高洁之意。从传说中我们可以看到劳动人民的小智慧，他们把粽子用楝叶和彩色丝线包裹这一习俗与他们所敬爱的三闾大夫屈原联系了起来。这样的细节，一定让包裹粽子的人们裹得更为仔细和紧密吧！

但是，与端午节发生联系的可不只是屈原一人。

（2）介子推与伍子胥

也有文献记载，端午节是为了纪念介子推和伍子胥。介子推我们前面提到过，寒食节就与他有关。汉代著名才女蔡文姬的父亲蔡邕在《琴操》里写了晋文公重耳和介子推的故事，然后说“子绥抱木而烧死，文公哀之，流涕归，令民五月五日不得举发火”，他把对介子推的纪念放在了五月初五。但这终归是一家之言，人们还是普遍相信对介子推的纪念是在寒食。寒食禁火，与被火烧死的介子推进行关联更加合适。而端午最重要的活动不是禁火，而是围绕着驱邪避毒形成的最有特点的节俗——吃粽子和龙舟竞赛。粽子与屈原的故事可以有很好的联系；龙舟竞赛，据传是因为人们发现投江而死的三闾大夫，纷纷驶着龙舟去救他，通过这样的解释联系起来的。关联端午和介子推的故事比较牵强，所以最终流传下来的说法就是今天这个样子：端午节是为了纪念屈原，寒食节是为了纪念介子推。

伍子胥是春秋争霸时期的人物，他帮助吴王阖闾登上王位，功勋卓著。待阖闾死后，夫差成为了吴王。我们都知道这个夫差，在越王勾践卧薪尝胆的励志故事里成为了悲催的亡国之君。本来夫差在伍子胥的辅佐下继续壮大吴国，但他后来听信小人之言，杀掉了伍子胥。

我们都知道伍子胥死前那段激愤的话："必树吾墓上以梓，令可以为器；而抉吾眼县（悬）吴东门之上，以观越寇之入灭吴也。"他不仅要求把自己的眼睛挂在吴国东门之上，预言越国一定会灭了吴国，还要求在自己坟头种好树，长成以后正好可以给某些人做棺材。夫差听到大怒，就让人把伍子胥的尸体装在袋子里投入江中。所以伍子胥像屈原一样也被当作江神。在我们的观点里，贤人死后一定会升仙成神的。就像我们前面提到的戚夫人和紫姑，虽算不得大贤之人，但是美丽且无辜被害，人们就认为她们死后变成了神灵。

《荆楚岁时记》上引邯郸淳《曹娥碑》的说法"五月五日，时迎伍君。逆涛而上，为水所淹"，说这是东吴的习俗，和伍子胥有关，与屈平无涉。但是端午终究是属于屈原的，这大概是因为屈原更受到人们乃至统治者的喜欢和推崇。且不说伍子胥最后的愤而诅咒让统治者惊颤，伍子胥曾经是楚国人，但是因为不容于楚王，逃到了吴国，就帮助吴国强大并且灭了楚国，之后还掘出楚王坟墓，为自己的家族报仇。而同样不容于楚王的屈原，却宁愿带着一身美好的品节，投江而死。到了汉代，罢黜百家，独尊儒术，从此我们整个传统文化都格外强调忠，统治者尤其强调臣子对君主的忠，所以屈原胜过伍子胥，也是完全可以理解的。

（3）端午节到底由何而来

从上面我们可以看到，端午节有很多传说，其中关于屈原的传说慢慢成为了主流，在人们的心中，渐渐地把端午节和屈原联系在一起，甚至认为端午节就是因为屈原才产生的。端午节的很多习俗也慢慢变成是为了纪念屈原而产生的，但是事实上，吃粽子与龙舟竞赛都早已有了，并且有自己的发展过程。

端午节的前身，实际上是出现在毒五月的一系列祛除疫病、祈福保平安的仪式和活动。尤其是古代“兰汤沐浴”的仪式，为了驱邪避毒，古人会在五月把菖蒲和艾草等植物泡在热水里进行沐浴。端午从这个仪式慢慢发展而来，在这个过程中，传说的加入是使得节日成形的非常重要的一步。随着传说的加入，端午节对百姓而言，具有了更多的意义，慢慢成为人们生活中重要的节日。

3. 端午节的习俗

（1）驱邪避毒

五月初五，“阴阳争，死生分”，驱邪避毒一定是非常重要的部分。首先可以采用的方法就是我们前面提到的沐浴。沐浴所用的菖蒲是多年生草本植物，根茎可以用作香料，中医上用菖蒲作健胃之药，外敷还可以治疗牙疼、牙龈出血；艾草也是多年生草本植物，用艾草入药，可以消炎祛痰，艾草晒干后点燃还可驱蚊蝇。用菖蒲和艾草泡水沐浴后，身体洁净，可以使毒物蚊虫远离自己。

菖蒲和艾草不仅能泡水洗脸、洗澡来驱邪避毒，还可以入酒，做成菖蒲酒和艾叶酒。端午时，饮用菖蒲酒和艾叶酒，以此解毒、避瘟，还会把酒撒在墙脚，驱赶毒物。端午所饮的酒中还有雄黄酒，雄黄也有像菖蒲和艾草一样的功效，可以驱邪避毒。大家一定都记得《白蛇传》里就是在端午，白娘子为了许仙不得不喝下雄黄酒，痛苦难当，现出原形。白娘子是蛇，也是五毒之一，雄黄正是可以克制她的东西。

不仅如此，人们还会在端午这一天把菖蒲和艾草挂在门上，让毒物不敢入家门。也有人把它们编成老虎的样子，悬挂门上，或者戴在身上。我们前面说过，老虎在身，百鬼莫侵。它的形象出现在端午这样一个邪毒之日，一点也不让人意外。

端午节女子们也会做香囊，里面放上菖蒲和艾叶，既可以用来辟邪驱蚊，也可以送给钟情的男子表达爱

清代画家徐扬所画的《端阳故事图》中的《悬艾人》：荊楚风俗，將艾草系成人形，悬挂于门户上，以避毒气。

清代画家徐扬所画的《端阳故事图》中的《裹角黍》：角黍即“粽子”。裹角黍即包粽子。

五毒图

意。还有缠五彩线辟邪的说法，苏轼就有“彩线轻缠红玉臂，小符斜挂绿云鬟”的诗句，即使是辟邪，由美丽的女子做来，也是韵味十足，令人只觉怡然美好。

除了利用邪毒的克星菖蒲、艾草和雄黄这样的物品，古人还采用以毒攻毒之法，在这一天悬挂五毒图和钟馗图。我们知道五毒是最毒的动物，而钟馗本身就是鬼。

说到以毒攻毒，这一天不仅仅挂上有蟾蜍的五毒图，在江浙一带的水乡还流行端午节捉蛤蟆。人们认为蛤蟆的肉有清热解毒的功效。蛤蟆本就有剧毒，乡民相信在五月初五这天，蛤蟆的毒性最大，所以功效也最大。抓蛤蟆除了为了吃肉，多数是为了获得一种叫“蟾酥墨”的东西，就是把墨塞到蛤蟆嘴里，然后把蛤蟆挂起来风干，风干以后就可以作为中药使用，叫作“蟾酥墨”。蟾酥墨可以用来治疗“无名肿毒”，身体有地方肿了烂了，就可以使用蟾酥墨。

（2）吃粽子、赛龙舟

上文那些驱邪避毒的仪式，让人们在端午总能感到一点毒日的惶惶然，但是端午依然会有喜庆的色彩，这多亏了吃粽子和赛龙舟的习俗。

粽子，在最早的时候叫作角黍。早在春秋时期，就用菰叶包黍米，做成牛角形，称作角黍。菰，也是一种生活在浅水里的草本植物，最早人们就是采它的叶子包粽子。那时候人们也会把黍米放在竹筒里，烤熟后食用，叫作筒粽。到了东汉，已经出现了裹馅儿的粽子。粽子里面放馅儿，南方是这样做的，当时最有名的是猪肉粽。到了宋代，果品开始进入粽子，苏东坡就有诗句“时于粽里见杨梅”。

现在，每到端午节家家户户都会吃粽子，有很多人家依然自己亲手包粽子。浸糯米，洗粽叶，裹粽子，从五月初一就开始，让端午的气氛弥漫开来。北方主要是甜粽子，里面包蜜枣或者豆沙，粽子比较小巧；南方主要是咸粽子，里面包咸肉、火腿或者蛋黄，粽子一般也比较大。

粽子已经和汤圆、月饼一起成为我国独具特色的传统佳节美食。

赛龙舟更是把端午热闹欢乐的气氛带到高处，龙舟竞赛现场，往往是人山人海。沈从文先生在他的著名小说《边城》里就详细地描写了端午节赛龙舟，从请龙舟开始：

> 十六个结实如牛犊的小伙子，带了香、烛、鞭炮，同一个用生牛皮蒙好、绘有朱红太极图的高脚鼓，到了搁船的河上游山洞边，烧了香烛，把船拖入水后，各人上了船，燃着鞭炮，擂着鼓，这船便如一支箭似的，很迅速的向下游长潭射去。

到了龙舟比赛的时候，整个现场：

> 故每当两船竞赛到剧烈时，鼓声如雷鸣，加上两岸人呐喊助威，便使人想起小说故事上梁红玉老鹳河时水战擂鼓。

龙舟比赛现场不仅有观看者的呐喊声、划舟人的吆喝声，更有惊天动地的擂鼓声。湘西赛龙舟，一个龙舟坐十二到十八个桨手，每个桨手都持一支短桨，另外船上有一个鼓手、一个锣手，还要有一个坐在船头指挥船只进退方向的带头人，划桨的人根据锣鼓声的节奏一起用力。

（3）榴月斗草

五月正是石榴花开的季节，所以五月又被称为榴月。欧阳修写端午的词就有“五月榴花妖艳烘，绿杨带雨垂垂重。五色新丝缠角粽，金盘送，生绡画扇盘双凤”。

端午节人们要去郊外采药，寻找菖蒲和艾草，采药之余，也会在草地斗草。《荆楚岁时记》中有“五月五日，谓之浴兰节。四民并踏百草，今人又有斗百草为戏”。其他书籍也记载有五月五“斗百草，缠五丝”的说法。

斗草分为武斗和文斗，武斗就是寻找韧性强的草，两个草交叉成十字，互相拉扯，把对方扯断就赢了。文斗则是寻找尽可能多的草，谁找到的草多谁就赢。这是一种简单的斗法，更受人喜欢的是既要寻找尽可能多的草，也要说出草名，互相对仗，例如鸡冠花对狗尾草。《红楼梦》里女孩们斗草，就有观音柳对罗汉松，后来豆官一句“我有姐妹花”，把大家都难住了，香菱愣是拿着一个草对出了“我有夫妻蕙”。

龙舟竞渡

(选自清院本《十二月令图轴》)

4. 端午节的诗词

描写端午的诗词很多，有的感叹屈原，有的记录当时的习俗。我们从这些诗词中，可以看到当时人们过端午的情形。

唐朝文秀的“节分端午自谁言，万古传闻为屈原。堪笑楚江空渺渺，不能洗得直臣冤”，就是典型地借端午追悼屈原，既可以让我们看到唐代端午节很多活动都是为了纪念屈原，也可以让很多文人借端午要求皇帝清廉，任用贤能，远离邪佞之臣。

宋词里有“梅霖初歇。乍绛蕊海榴，争开时节。角黍包金，香蒲切玉……舣彩舫，看龙舟两两，波心齐发。……画鼓喧雷，红旗闪电，夺罢锦标方彻”，从中我们可以看到宋时龙舟竞赛的场景，已是红旗招展，锣鼓喧天。词中提到了石榴花，很多描写端午的诗词都会写到石榴花，石榴花不仅是五月的代表，在人们心中也是端午的代表。女子玉腕结五彩丝，也是端午美好的一景。

明代汤显祖写端午的诗句“独写菖蒲竹叶杯，蓬城芳草踏初回”，就让我们看到了端午出门踏百草的习俗。

“樱桃桑葚与菖蒲，更买雄黄酒一壶。门外高悬黄纸帖，却疑债主怕灵符”，是清诗，展现了端午喝雄黄酒、准备菖蒲、在门上贴黄符辟邪的习俗。

今天，五月对我们来说已经不是令人闻之色变的毒五月了，但是古人在五月的养生之道依然值得学习。端午，如今更多的是欢庆，但是纪念屈原、悬挂艾草、吃粽子、赛龙舟这些内容却依然存在于我们的节日中。我们这样做，千年前的人们也这样做，传统节日就是流变的时间、生老病死变动的人群中，不变的联结和期待。

二、六月六

农历六月六，可以说是不是节日的节日，这一天有很多习俗。六月六，天气进入初伏，三伏天是一年中最热的日子，所以有谚语“六月六，晒得鸭蛋熟”，极言天气之热。此时的很多习俗都是围绕着暴晒和避暑进行的。

1. 三伏与天干地支

早在秦汉时期，就有伏天的说法，大家已经知道进入伏天，就是进入了一年中最热的时期。伏，有潜藏的意思，具体含义有二：一是阴气为阳气所压制，潜伏在下面；二是此时天气极热，人和动物都要避暑不出。

我国春夏秋冬四季对应着木火金水，所谓木生火、金生水、水生木，所以从春入夏、从秋入冬、从冬入春，都是相生，但是火克金，从夏入秋，就是秋天的阴被夏天的阳克制，只能潜伏不出。极热的伏天背后，意味着潜藏的阴凉。万事万物都是相互转化的，从中我们再次体会到这种智慧。

初伏，从夏至日后第三个庚日开始，第四个庚日起为中伏，立秋后第一个庚日开始为末伏。何谓庚日？这里简单地向大家介绍一下我们老祖宗发明的天干地支纪年法。我们现在通行的公历，是民国以后才开始采用的西方通用的纪年法；而我们使用的阴历，又称为“汉历”，是采用天干地支纪年法的。

天干是甲、乙、丙、丁、戊、己、庚、辛、壬、癸，共十个；地支对应十二生肖，共十二个，为子、丑、寅、卯、辰、巳、午、未、申、酉、戌、亥，分别对应着鼠、牛、虎、兔、龙、蛇、马、羊、猴、鸡、狗、猪。天干和地支一对一搭配，形成了六十个组合，每经过六十个组合就开始下一个循环，所以我们说一个甲子是六十年。

出现一次庚日需要经过十天，所以一个伏天就是十天。初伏和末伏都是十天，有些特殊的年份中伏是二十天。

2. 暴晒节

六月六又叫暴晒节，这一天寻常百姓家里纷纷晒衣服，读书人开始晒书，寺院里晒经。据说，这一天晒过的衣服一年都不会被虫蛀，晒过的书一年都不会被虫蠹，所以这一天也被称为“晒衣节”“晒经节”。有谚语

“六月六，家家晒红绿”，可以想象家家户户都在这一天从箱笼里取出衣服晾晒，五颜六色，映照出一个多么美好的太平世界！

南方地区，农历六月之前，是连绵一个月的梅雨季节，人和衣物都笼罩在一片潮湿中。进入六月，阳光充足，人们晒一晒衣物就格外有必要，晒走了所有的霉气，留下了阳光的芬芳，把藏着阳光的干燥衣物收进衣箱里，真的很满足。

四川省凉山彝族自治州雷波县人们六月六晒衣服的习俗已经进行了千余年，不仅仅为了六月的阳光，还为了晒衣节背后那个凄美的传说。古时候的雷波地区常年笼罩在瘴气中，人人生病，非常虚弱。这里生活着一对恩爱的大雁夫妻，雌雁古嫫阿芝是彝族传说中的神雁。为了解救这里的人们，她潜心修炼了九千九百九十九天，然后在六月六这一天，拔下了自己的羽毛，让丈夫带到山顶暴晒。她用羽毛扫清了这里终年的瘴气，用鲜血洗净了这里终年阴霾的天空。可是古嫫阿芝却死了。她的丈夫也不愿独活，他的血化作了溪流，肉体化作了田地，骨骼化作了山川，羽毛化作了花草树木。这里的人们永远记着这对大雁夫妻，每到六月初六都会把衣服拿出来晒，为的是不辜负这蔚蓝的天空和灿烂的阳光。

在上海，这一天，全城的裁缝都会齐聚城隍庙，把自己店里的新衣服晒起来，称为“晒袍会”。这已经成为一种展示和广告了。

早在三百多年前明代的沈德符所著的《万历野获编》里就有记载:“六月六日，本非令节，但内府皇史宬晒曝列圣实录，列圣御制文集诸大函，则每岁故事也。”可见当时不仅仅是民间，皇宫也遵循着六月六晾晒的风俗。还有“六月六，晒龙袍”的俗语，它的得来跟总爱出巡的乾隆皇帝有关。传说乾隆某次出巡，六月六这天独自一人在半路遇到了大雨，全身都湿透了。雨过之后，乾隆是皇帝，不能跟百姓借衣服穿，只能把龙袍脱下来晾晒，于是就有了“六月六，晒龙袍”的说法。这个民间故事其实漏洞百出，乾隆怎么会一个人呢？他如果一个人又怎么会明目张胆地穿着龙袍呢？但是从这个故事中我们可以看到这个爱玩爱出巡的皇帝确实离百姓很近，百姓为他创造了数不清的故事。

寺院在这一天晒经，也是为了经书能够长期保存。有人说寺院晒经的风俗是来源于唐僧西天取经的故事。我们都知道《西游记》里取到真经的唐僧师徒在回来的路上，因为忘记了替老龟问问题，老龟把他们都翻在了水里，经书都湿了，于是师徒几个就在岸上晒经。传说这一天就是六月六日，所以寺院每到这一天也会晒经，据说在这一天晒过的经书都会染上佛祖的真意。

3. 洗浴节

这一天不仅仅晾晒，还要洗浴。湖南资兴就有俗语“六月六，打个泡子，长块肉”，是说这一天洗一洗，对身体会格外好。也有俗语“六月六，猫儿狗儿同洗浴”“六月六，家家猫狗水中浴”“六月六，黄狗洗个浴”，这一天不仅仅是人，连猫儿狗儿都会和小孩子一起到河里洗个澡。当然也有人认为黄狗指的就是小孩子。人们认为小孩子的小名或者称谓都是越贱越好，所以常常会用猫儿、狗儿给小孩子起名字，连汉武帝刘彻小时候都是叫刘彘，彘就是猪。

古时候，由于生活条件所限，洗澡沐浴并不是很方便的事情。一般过节或者进行一些比较神圣的活动，比如礼佛，人们都要提前沐浴更衣。六月六，已经进入伏天，河里溪里都可以洗澡，又可以避暑。在这一天洗澡也与平时不同，洗后一年都会少病少灾，身体健壮，“长块肉”。

六月六，还有一个特殊的动物要洗一洗，这就是大象。元明清时期，这天是法定的“洗象日”。当时皇帝出行，不仅要有车马，还要有大象，以此体现皇家不一样的威仪。到了乾隆时期，皇家饲养的大象已经有三十多头了。大象有专门的“象房”，有专人伺候和训练。为大象服务的人员有一百多个，而象房就在宣武门城内西侧城墙根一带，也就是今天的宣武门新华社大院内，现在还有“象来街”“象房胡同”，已经成为一个著名的景点。

现在大象对很多人来说都是稀罕的事物，更不要说那时候。所以洗象日对于城中百姓来说也是一个观象的大日子。这一天大象被带出宣武门，在宣武门外的护城河内洗澡。周边早早地就搭起了茶棚以及卖各种吃食的小摊，很多百姓都会来围观，热闹得好像一个庙会。清杨静亭《都门杂咏》中记载:“六街车响似雷奔，日午齐来宣武门。钲鼓一声催洗象，玉河桥下水初浑。”记录的就是洗象的盛况。

4. 回娘家日

“六月六，接姑姑”的俗语，表明了这一天的又一个习俗：出嫁的姑娘在这一天要回娘家。

据说这个习俗来自于春秋时期晋国的卿大夫狐偃。狐偃高傲自大，比较跋扈，常常不把别人放在眼里，不仅百姓憎恶，身边的亲人也很恨他。有一天他竟然把自己的亲家赵衰都气死了。女婿一心要杀掉狐偃，为父亲报仇。正好六月六这天狐偃要过寿，狐偃的女婿就打算在这天行动，杀死狐偃。因为狐偃的女儿一直也厌恶父亲的所作所为，所以她的夫君就没有瞒着她这件事情。她本不欲过问，但是想到狐偃毕竟是自己的父亲，就在这一天回娘家的时候问母亲:“是夫君重要还是父亲重要?”母亲回答说:“夫君之于女人，好比衣服，没有了可以再买新的，但是父亲可就只有一个。”女儿终于决定把夫君要谋害父亲的事情告诉父母。在听女儿诉说的过程中，狐偃才明白自己做下了这样多的错事。在寿宴上，狐偃诚恳地反省了自己的过错，向女婿道歉，并且原谅了女婿的行为。从此翁婿和谐，狐偃也改正了错误。

一次回娘家，避免了一个大悲剧。这里我们也可以看到中国人退一步的智慧。高傲的狐偃正是在这个关键的时刻退了一步，反省自身的问题，才避免了一场悲剧。

六月六也是冬小麦收获的时节，此时农活告一段落，既有了经济基础，也有了闲暇时间可以探亲。

女儿回娘家要备好给父母的礼物。在河南偃师等地，女儿回娘家被称为“望夏”，一般会准备自己做的油炸食品和新衣、新鞋、新袜子，祝愿父母平安度过炎热的夏天。娘家也会拿出家里最好的吃食招待女儿女婿。不少地方这一天，母家都要给新婚的女儿做夏天的衣服，称为“送夏”。在河南滑县，除了送夏天的衣服，还会给女婿家送竹席、竹床和竹帘等物。

六月六，女儿女婿和母家虽然各地送的东西、吃的食物不同，但是这个日子，却是两家联络感情、互相来往的日子，是女儿女婿看望、孝顺父母，父母关怀女儿女婿的日子。

5. 天贶节

现在人们基本上已经忘了六月六是天贶节的风俗了。它起源于宋代。传说宋真宗非常迷信，一天他宣布六月六这天他得到了一本天书，所以就把这一天定为天贶节。贶就是赠送的意思，天贶，是上天的赠送。因为一个人的规定，这个充满了民间习俗的六月六与神有了勾连。

一般有了天降的祥瑞，就要有专门的地方供奉祥瑞。宋真宗为此在山东泰安脚下的行宫岱庙，建起了一座天贶殿，供奉的是东岳大帝。天贶殿与故宫太和殿、曲阜孔庙的大成殿，并称为“中国古代三大宫殿”。天贶殿保存至今，古貌犹存，殿阔九间，进深四间，一进殿堂，迎面就是高大的彩色塑像“东岳泰山之神”，神秘威严的气氛顿时扑面而来。

因为是上天有所赐予的日子，所以这一天祈福会格外灵验。但是人为的规定不像顺应人们生产生活需求产生的习俗，前者很容易就被人们忘记了，留存下来的依然是“晒红绿”、沐浴和回娘家。

6. 六月六的占卜

农民最关心的是年成，于是这一天的天气就成了这一年天气和收成的预示。山东枣庄流传“六月六湿龙袍，旱涝四十天”，就是说六月六这天如果下了雨，接下来的四十天不是一直干旱就是一直下雨；河南地区是“六月六晒龙衣，龙衣晒不干，连阴带晴四十五天”，则是说这一天如果下雨，接下来四十五天都不会下雨；江苏徐州是“六月六晒龙衣，湿了龙衣烂蓑衣”，六月六下雨，这一年会有大涝。

炎热的夏天，人人在凉丝丝的水里洗干净自己，连村头的小猫儿小狗儿都干干净净、清清爽爽的，阳光晒着满绳的衣服被子，照着这个无比洁净的世界。妇女们打点起小包袱，踏上了回娘家的路，而家里的爹娘也准备好饭菜，等待着女儿的到来。这个不是节日的节日，带来的不是热闹，而是人间生活的安然。

六月六晒经

三、四月到六月的其他节日

1. 佛诞节

四月里还有一个宗教节日——四月初八的佛诞节，释迦牟尼在这一天诞生。虽说佛诞节是一个宗教节日，但是这一天也有很多与宗教无关的民间习俗。下面就对佛诞节做一个简单的介绍吧。

早在魏晋时期，佛诞节就是一个很盛大的节日了。这一天的宗教活动主要是浴佛放生，以此结善缘。这一天的浴佛放生活动，起到了宣传佛教的作用。同时，妇女们也都走出家门拜佛祈福，整个场面真是热闹非凡。而这一天的民间活动，主要是为了驱虫。四月已经到了百虫出没的时节，所以在特殊的日子进行驱虫活动，是很容易理解的。

在乡间，这一天流行"嫁毛娘"，在纸上写一句话贴在墙壁上，来驱赶毛虫。"四月初八大吉祥，家家户户嫁毛娘。嫁得毛娘深山去，千年万载不回乡。"这样的话既朴实又带着趣味性，让人读来忍俊不禁。老百姓多的是这样的智慧，带着一点诙谐，又带着明确的渴望，即使对象是自己痛恨的害虫，也是用这样温和的方式对待。前面提到的“老鼠娶亲”也是这样。

这一天的典型食物是我们前面“寒食节”中提到的青精饭，又叫乌饭。与此相关的故事就是佛教里“目连救母”的故事。目连的母亲富有却吝啬，每每趁儿子目连不在的时候宰杀牲畜，大嚼大吃，死后被打入地狱，堕入饿鬼道。目连给母亲送的吃的，总是被其他饿鬼抢去，到不了母亲嘴里。后来目连就送乌饭，其他饿鬼见饭乌黑，不敢吃，母亲才终于吃到口中。

我们推崇孝道，在我们的教化故事里总是有很多凶恶的母亲和依然至孝的儿子，目连是这样，圣人舜也是这样。舜的母亲简直是不断迫害他，但是舜却始终孝顺。就像多数的母爱是没有缘由、无私无畏的一样，在我们的宣传中，孝是身为子女的责任，并不因父母如何而改变，不是回报，而是人之应当。这是很好很好的教诲。

2. 娘娘庙会

在东北地区农历四月十八是“娘娘庙会”，妇女们前去祭拜碧霞元君、子孙娘娘、眼光娘娘以及痘疹娘娘，为自己求子，或者为生病的孩子祈福，祈求早日康复。

碧霞元君，俗称泰山娘娘，是道教的一位重要的神仙，能够“察人间之善恶”“庇佑众生，灵应九州”。四月十八是她的诞辰，在这一天，人们把心愿告诉碧霞元君，便能得偿所愿。

子孙娘娘，是掌管生育的神仙，能保佑女子怀胎、定男女、保佑分娩顺利，所以妇女往往前来祭拜。古时，多子多福的观念、传承的观念，让生育格外重要，而由于条件限制，女子生育当真是在鬼门关走一圈，死于难产的不在少数。所以掌管生育的子孙娘娘往往是妇女们最可依靠的对象。

眼光娘娘也是道教的神仙，在碧霞元君东配殿享受供奉。眼光娘娘可以保佑人们眼明心亮，护佑人们的身体健健康康。

痘疹娘娘，掌管水痘和麻疹。在医疗条件落后的古代，水痘和麻疹都是很容易造成婴儿和儿童死亡的疾病。一旦孩子染上，除了照顾和请医生，忧心忡忡的父母只能求助痘疹娘娘。《红楼梦》中巧姐出痘，王熙凤就是让家仆赶紧供奉起痘疹娘娘，供奉的时候忌讳煎炒，并且让贾琏和她分房。

3. 关公磨刀日

“大旱小旱，不过五月十三”，是农人的信念，他们相信即使再干旱，农历五月十三这一天也一定会下雨。如果五月十三都没有雨，那么这就是最大的异兆，这一年要不然会有很严重的自然灾害，要不然社会动荡不安。

五月十三会下雨，是因为旧时人们相信这天关公会在天上磨刀，磨刀水撒到民间，成为甘霖。关羽是三国时期忠义形象的代表，死后成为关公神，受到人们的供奉。很多商户不仅会供奉财神，还会供奉关公，希望受到他的守护。关公的武庙和孔夫子的文庙，是人们最喜欢的两个圣人成神后所居之处。把关公与孔夫子并列，可见关公在人们心目中的地位。

关于关公磨刀日，还有一个传说。传说有一年，一条非常邪恶的龙，把大江大河里的水都喝了个干净，人间一片干旱，滴雨不降，饿殍千里。人们到处祈雨，在关帝庙前痛哭流涕。南天庭的两位代为管事的神仙，根本敌不过恶龙，于是乘上千里马寻找关公。关公一看，下界早已是生灵涂炭，顿时又急又怒，遂上天庭请求惩处恶龙。获得了玉帝的批准后，关公在南天庭外磨刀，磨刀水撒入民间，成为雨水。后关公捉到恶龙，扒皮抽

关公像（背后执刀者为周仓）

山西解州关帝庙的磨刀石

筋，把恶龙吞下去的水又送回了民间，民间才又恢复了风调雨顺，人民重新过上了安居乐业的生活。从此以后，关公担心人民再受干旱之苦，每年五月十三都会在南天庭磨刀，降下雨水。

五月十三会下雨，成为了农人面对旱情的一种信念，关帝庙也成为人们祈雨、遇到灾难后寻求帮助的所在。关公不是一个高高在上的冰冷的神，他是三国时期那个有情有义的大勇之士。甚至有人说，关羽是中国百姓最后的精神偶像。

4. 半年节

农历六月初一是“半年节”。在农村，半年节往往是一个比较重要的节日。北方小麦丰收，南方新稻收获，人们在这个间歇正好有了庆祝的理由，同时也有感恩的必要。所以，很多地方把六月初一叫作“小年”，这一天农人们祭祀神仙，感谢他们带来的丰收，同时祈求接下来风调雨顺，一切平安。农人也会杀鸡宰鱼，犒劳辛苦了半年的自己，庆祝半年劳作带来的丰收。在丰收的喜悦中，人们把酒言欢，享受美味和暂时的休息。

六月初一和六月六离得很近，都是在半年丰收后的节日，所以有娘家和女儿女婿之间的走动，互送礼物，既是享受丰收，也是利用闲暇联结彼此的关系，享受亲情的愉悦。

5. 尝新节

收获过后，很多地方有尝新节，这是一个没有固定日期的节日，择吉日进行。收获了新稻、新麦后，人们要专门用新米、新面做食物，贡献给神灵和祖宗，让他们尝尝新。

这天，亲友邻里之间也会摆起宴席，尝新庆祝。宴席一定会有鱼，取“有余”，客人也不能把饭吃完，一定要剩下一点，也是取“有余”的意思。一般忌讳用鸡，因为鸡谐音“饥”。

六月里的节日，不管是半年节，还是六月六，抑或是尝新节，都是因为丰收而举行的庆祝。节日让农忙暂时隐退，农人们享受着闲暇的快乐，休整以后投入新的工作。

第四章，秋收

一、七夕

七夕，是一个专属于女子的节日，也是一个关于爱情的节日。今天当我们过着2月14日情人节的时候，却忘记，早在汉代，这个跟牛郎织女的感人故事相联系的七夕已经是我们的情人节了。

1. 女子的节日

我们细细探究这个女子的节日，从中可以看到她们的愿望，而愿望中体现的是古代女子的生活和命运。

（1）乞巧

七夕又被称为“乞巧节”，这一天女子们向天上的织女祈求，希望她赐予自己巧技。传说中美丽的织女，有着一双巧手，天上的彩虹、美丽的朝霞和晚霞，都是她织出来的。

一双巧手对古代的妇女是多么重要啊！古代女子讲究三从四德。三从，要求女子听话，因为那是一个男权社会，男人是天，女子必须要听男子的话，在家从父，出嫁从夫，夫死从子。四德，就是指德、言、容、功。首先女子品德必须要好，然后是语言，要得体，人还要长得好看，干净利索，最后女子的女红也要做得好。女红，是对女子最主要的四大要求之一，可见手巧对当时的女子多么重要。北宋司马光在《居家杂仪》里就写道，“六岁时习女红之小者，十岁后习女红之大者”，可见女子很小就要学习女红。《孔雀东南飞》里的刘兰芝如此能干，“十三能织素，十四学裁衣”“鸡鸣入机织，夜夜不得息，三日断五匹”，她的婆婆还是嫌她“织作迟”，拿这个当借口顺理成章地休了她。虽然恶婆婆是挑刺找借口，但是至少让我们看到在那个社会一个女红不好的媳妇一定不是一个合格的媳妇，婆婆嫌弃媳妇女

美国大都会美术馆所藏《宫宴图》（又名《乞巧图》）（局部），图中黑漆案上陈碗甚多（非宴会，乃乞巧之水碗）。

仕女乞巧
（选自清《月曼清游图册》）

红不好，媳妇的处境是很艰难的。而《红楼梦》里，贾母之所以把晴雯给了宝玉，也是因为晴雯针线做得好，手巧。晴雯比别的丫头更骄傲一些，可不单单是仗着自己长得好看，大观园里也不缺长得好看的女子，她是凭着自己的一双巧手。宝玉的那件孔雀裘，连外面专门的织补匠人都没有办法，她却能修补好。她的傲是有底气的，她有当时女子最重要的手艺。

所以，那时候女子乞巧的心是多么迫切，我们就可想而知了。

女子们在这一天，准备好各种贡品，献给织女，祈求织女能够把巧技传给自己。祭拜织女可不能像祭拜其他神仙一样，献祭鸡鱼肉。女子们往往准备鲜花瓜果，还会摆上自己做的针线活，献给织女，请她指点。有些地区的女子还给织女献化妆品，取悦织女，希望她能保佑自己和她一样漂亮而又手巧。

她们有的打扫干净庭院，直接把贡品摆放在庭院，拜织女星，以此乞巧。有的地方拜织女的画像，还有的地方会用稻草扎织女的人偶，给人偶穿衣戴帽，仿若真人。拜祭的时候，女子们默默陈述自己的心愿，或者念当地的一些祷词，例如“天皇皇，地皇皇，俺请七姐姐下天堂。不图你的针，不图你的线，光学你的七十二样好手段”，表明了自己的所求所祈。也有乞巧歌:“我请巧姐吃桃子，巧姐教我缝袍子；我请巧姐吃李子，巧姐教我学纺织；我请巧姐吃甜瓜，巧姐教我学绣花。”女子们是多么希望能够拥有织女那样精湛的手艺啊!

乞巧节的一个重要活动就是穿针，谁能穿得又快又好，就说明谁巧。乞巧穿针的最早记载是东晋葛洪的《西京杂记》:“汉彩女常以七月七日穿七孔针于开襟楼，人俱习之。”到了南朝时期的《荆楚岁时记》对此有了明确的记录:“七月七日，为牵牛织女聚会之夜。是夕，人家妇女结彩缕，穿七孔针，或以金、银、鍮石为针，陈瓜果于庭中以乞巧。”

有些地方会举行穿针比赛，谁穿针最快则为最巧。为了增加难度，就有了月下穿针的比赛，用红色或者五彩丝线穿七根针，或者穿七孔针，先完成的为最巧。

这一天要吃“巧果”，上供用的水果叫“巧果”，吃了能让人变巧。这一天人们也会用小麦粉或糯米粉，加上糖或蜜，捏成各种形状，在油里炸成金黄，也叫“巧果”。这种巧果在宋代《东京梦华录·七夕》里就有了记载:“又以油面糖蜜造为笑靥儿，谓之‘果食’，花样奇巧百端，如捺香、方胜之类。”清代蔡云在《吴歈》中写道:“几多女伴拜前庭，艳说银河驾鹊翎。巧果堆盘卿负腹，年年乞巧靳双星。”可见宋明清时期七夕吃巧果，是一种习俗。女子们在中庭赏月，吃巧果，谈笑嫣然，期待自己会变得越来越巧。

山东等地还吃巧饭。七个姑娘一起包饺子，要在其中包入一根针、一枚铜钱、一个红枣。吃到针的人会变巧，吃到铜钱的人有福气，吃到红枣的人会早结婚。巧、福气、早点嫁给如意郎君，都是女子们心底的美好心愿。不过饺子里包了一根针，吃起来可真得小心翼翼，更见了女子细嚼慢咽的细致风韵。

为了知道自己巧不巧，女子们在这一天有各种占卜活动。比如把针放入水中，观察针形成的影子，以此来占卜该女子是否巧。一般认为针形成的影子比较纤细的，例如呈现出云、花这样的影子，女子就比较巧；影子比较粗大的，例如呈现杵、锤或者轴这样的影子，女子就比较笨拙。

还有的地方会用蜘蛛进行占卜，大概因为蜘蛛会结网，在她们看来就是一种纺织吧！所以，当天女子把蜘蛛放在一个小盒子里，第二天看蜘蛛结的网，网结得越多越有条理，那么这个女子就会越巧。

(2) 乞美

这一天女子不仅想要巧，更想像织女一样美丽。美丽，自古以来就是女子的追求。最早的诗歌总集《诗经》中就充满了对女子美丽的描写，“手如柔荑，肤如凝脂，领如蝤蛴，齿如瓠犀，螓首蛾眉，巧笑倩兮，美目盼兮”，动了多少人的心。而人们传诵的女子亦往往都是美丽的，手巧的刘兰芝是美丽的，采桑的秦罗敷是美丽的，《诗经》里那些让人魂牵梦萦的女子更是美丽的。女子的美丽，本身就意味着故事的开始。普通的女孩子，永远不会是玉帝最小的女儿，但是同样希望自己能美丽一点，不求惊动世人，至少也可以愉悦自己爱人的眼。“女为悦己者容”，本身就是那个时代女子的选择。

七夕这一天，女子们会捣碎凤仙花，用凤仙花汁细细地染出艳丽的指甲。民间还有七月七洗头发的习俗，这也是祈求美丽的一种做法。姑娘们相信在这一天洗头发，就会拥有织女一样顺滑乌黑的头发。女子们多会采集木槿叶，用它烧水洗发，或者用它的汁液兑水洗头发。

更有说这一天的露水是织女的眼泪，收集露水来洗

《乞巧图》（清）丁观鹏

脸会使皮肤光滑白皙，洗眼睛会使眼睛明亮，清澈动人。也有地区，七夕夜会接一盆水放在外面，第二天用来洗脸。据说七夕的晚上，织女的倩影经过了这盆水，用它洗脸会使自己光彩照人。

这一天也成了“穿耳日”。小女孩通常会在这一天穿耳，从此戴上美丽的耳饰。

每一种行为背后都是女子渴望变得更加美丽的心愿。之所以想要美丽，是因为女子希望能够凭借自己的容貌择到如意郎君，成为一个让他“寤寐思服”“辗转反侧”的窈窕淑女。

除了乞巧乞美，已经结婚的女子还会在这一天乞子。在古代，子嗣是家族的大事。而对于古代的女子，孕育后代更是她们的重要使命，决定着她们在一个家庭中的地位。所以，她们也会在一切可能的时候，虔诚地乞求能够生育子嗣，最好还是儿子。而拥有一对儿女的织女，也必然会成为她们乞求的对象。

2. 中国的情人节

（1）因为爱情

牛郎和织女的故事，就是一个传唱了千百年的爱情故事。

美丽动人而心灵手巧的织女姑娘，在天空织着漂亮的彩霞，过着无忧无虑的生活，直到她遇到了勤劳而质朴的放牛娃——牛郎。牛郎织女一见钟情，织女就在人间和牛郎过起了男耕女织的幸福生活，还有了爱情的结晶，一对可爱的宝宝。但是好景不长，玉帝和王母娘娘很快发现了织女的事情，于是强行把织女带上天。牛郎就用扁担一边挑着一个娃娃追啊追，眼看就要追上了，心狠的王母娘娘拔下玉簪子，在牛郎和织女之间划下了一道他们永远也渡不过去的银河。他们的爱情感动了喜鹊。每年七月初七这一天，喜鹊们都飞上天空，在银河上搭起一座鹊桥，让他们相聚。

一年一聚，对于相爱的人来说是悲伤的，但也是幸福的，如秦观所言，“两情若是久长时，又岂在朝朝暮暮”。

牛郎和织女是我们爱情故事的一个经典版本，“对月形单望相护，只羡鸳鸯不羡仙”，织女为了爱情连神仙都不想做了。这个产生在男权社会的爱情故事，更多地体现了男人们的想象。他们理想的女子就是像织女这样美丽又灵巧，能够和男子共贫贱，却乐在其中，忠贞不渝。牛郎什么都没有，只有勤劳和善良，却可以打动一位仙女的芳心，这是多少男子的梦想。

同时，爱情是跨越性别和种族的共同向往。西方有“生命诚可贵，爱情价更高”，中国也早就有“死生契阔，与子成说。执子之手，与子偕老”。牛郎和织女的故事超越时间而不朽，人们至今相信七夕之夜是他们相会之日，这一切都是因为爱情。它触动了我们心灵最深处亘古不变的渴望。

（2）七夕的爱情

七夕这一天，有“七月七，鹊儿稀”的说法，因为喜鹊都飞到天上去给牛郎织女搭桥了。到了第二天早上，人们再听到喜鹊叽叽喳喳的叫声，就知道喜鹊们都回来了，牛郎和织女又在银河两岸开始了永恒不变的等待和守候。

也有说法，七夕这天如果下雨，这雨水就是牛郎和织女的眼泪，他们可能说到了伤心处，难掩泪水了。所以民间认为，七月七是经常会下雨的。

七夕晚上，小儿女们会悄悄地等在瓜棚或者葡萄架下。在夜深人静的时候，据说可以听到牛郎和织女的窃窃私语。

也许他们听到的不是牛郎和织女的私语，而是其他有情人的悄声低语。不是连唐明皇这一天都会和他挚爱的杨贵妃在长生殿上窃窃私语，诉说着爱情的誓言吗？“七月七日长生殿，夜半无人私语时”，写出了在爱情面前，皇帝同凡俗之人一样，纵使他有偌大的后宫，那一刻他的心愿怕也只是“一生一世一双人”吧。

七夕咏叹爱情的诗词非常多，汉代的《古诗十九首》之一，就是其中的经典：

迢迢牵牛星，皎皎河汉女。
纤纤擢素手，札札弄机杼。
终日不成章，泣涕零如雨。
河汉清且浅，相去复几许？
盈盈一水间，脉脉不得语。

牛郎和织女的故事，早在汉代就深入人心了。到了宋代秦观的《鹊桥仙》写爱情，写七夕，再次达到一个高峰：

> 纤云弄巧，飞星传恨，银汉迢迢暗度。金风玉露一相逢，便胜却人间无数。　柔情似水，佳期如梦，忍顾鹊桥归路。两情若是久长时，又岂在朝朝暮暮！

爱情的真谛本来就不在朝夕相处，但是人们依然希望能和所爱的人长相厮守。民间认为生在七夕的女孩子，命不好，将来会像织女一样，与丈夫分隔两地，不得相见。他们也有破解之法，就是让这个女孩子名字里带上一个“巧”字，这样就破解了这个不祥的命。

七夕，七夕，关于女子，关于爱情，真是有说不完的故事，道不尽的缱绻。

二、鬼节

“七月半，鬼乱窜”，七月半就是七月十五，民间称为“鬼节”，传说这一天地府大门洞开，鬼魂可以随意出入，让他们也可以到民间看看亲友，尝尝好吃的。所以七月有很多禁忌，例如七月不搬家，七月不嫁娶。

1. 中元节、盂兰盆节、鬼节

七月十五可以叫中元节，也可以叫盂兰盆节，前者是道教的节日，后者是佛教的节日。民间又习惯叫鬼节。

(1) 中元节

在道教里有天官、地官、水官三官，正月十五、七月十五和十月十五分别为三官诞辰，称为上元、中元和下元。上元节天官赐福，中元节地官赦罪，下元节水官解厄。

每到正月十五，天官紫微大帝就会降临人间，给人间赐福；每到七月十五，地官清虚大帝会降临，普度孤魂野鬼，也会降临人间，给人间赦免罪过，《修行记》里有“中元日，地官降下，定人间善恶，道士于是日夜诵经，饿鬼囚徒亦得解脱”；到了十月十五，水官洞阴大帝降临人间，给人消除灾祸。

在道教体系里，阎王就是地官。这一天地官打开地府的大门，放众鬼出门。所以道士们就要做法事超度亡魂，家家户户也要祭祀祖先。

(2) 盂兰盆节

我们前面在介绍乌饭的时候，讲到过目连救母的故事。盂兰盆节也和佛教里目连救母的故事紧密相连。

目连是佛陀十大弟子之一，据说他生前是一个渔夫，以捕鱼为生，但是自己慢慢领悟到这是杀生造业，所以放弃了自己的职业，专心礼佛。目连在佛陀的弟子中被称为“神通第一”。他的神通表现在无论多远的路，瞬间就可以到；无论多远的声音，都可以听到；无论多远的事物，都可以看到。他和舍利佛，陪伴在佛陀的一左一右。

目连的母亲，有的说法是生前酷爱杀生吃肉，佛教中的说法是她常常打骂僧人，毁僧谤佛，所以死后堕入饿鬼道，受倒悬之苦。目连神通，看到母亲受苦，心中

在地狱受苦的目连的母亲
（选自明《目连救母》剧本）

非常不忍，利用神通到达母亲身边，带去了一钵饭，想喂给母亲吃，但是饭一送到母亲嘴边，就烟消云散。

佛陀指点目连，在七月十五这一天，把果实饭菜放在盆里供养僧众，一切僧众都禅定修行，这一天的德行会有比平时更多的福报，可以解救父母，为父母积德，不仅能应到现在父母的身上，还会报到七世父母身上。目连在佛陀的帮助下，使母亲脱离饿鬼道，重新进入了轮回。

盂兰盆会是直接从梵语中音译过来的，它的本意是“救倒悬”。在最早的时候，盂兰盆会是通过供养僧众与修行为父母积德。到了宋代的时候，供养僧众就变为施鬼了。现在七月十五，佛教会举行盂兰盆会，超度亡魂。

（3）鬼节

民间认为人死了就会变成鬼或者神，在另一个世界存在着，所以一直视死如生，丧礼和祭祀就是这种思想的表现。祭祀祖先的时候，人们会为祖先准备吃食和衣物，因为人们认为另外一个世界也像现世一样需要这些东西。有些地区七月以后会多雨，所以不仅为祖先送钱，还会为祖先送伞。

每到过年以及鬼节，人们会虔诚地把祖先接回家，让祖先和自己一起过节，整个过程就好像祖先依然活着一样，处处恭敬，处处考虑到祖先的需求。

当然，也会有孤鬼和恶鬼，人们认为万一被这样的鬼缠上，就会影响自己的身体和运气。人间称为“阳间”，地府称为“阴间”，人身上的是阳气，鬼身上的是阴气。所以鬼月，尤其是鬼节，民间就有了各种禁忌，例如夜晚不能在街上闲逛，此时人的阳气衰退，鬼的阴气加重，人容易被鬼影响。

早在南北朝时期，著名的无神论者范缜在他的《神灭论》里就指出“形存神存，形谢神灭”，后来“陆王心学”之集大成者王阳明更是直接否定鬼的存在，认为一切鬼都是从人的心里生出来的，“有迷之者，非鬼迷也，心有迷耳”。但是鬼神思想依然在人们的心中，这也许是人对死亡，这一没有任何人可以真正经历从而研究的东西的恐惧和迷惘。这个世界，依然有太多无法解释的困惑。世界的浩渺和神奇，人的弱小，使得人对于时间，对于空间，对于死亡，有太多的敬畏和想象。

不管怎么说，对于祖先的祭祀，使得人们慎终追远，加强了伦理的作用，加强了家族的联系。而有所敬畏，这是道德与法律之外又一个对人的规范，可以起到扬善抑恶的作用。

无论是中元节，还是盂兰节，抑或是民间直接称呼的“鬼节”，这一天都是祭祀先人，超度亡魂，祈福消灾的日子。七月十五的活动，也不会区分是道家活动还是佛教活动，或者单纯只是民间习俗，它们都融合在一起。

2. 七月十五的节日活动

（1）祭祀祖先

这一天家家祭祀祖先。北方地区一般就是在十五这一天完成，上午在家里摆上供品祭祀祖先，下午去坟地扫墓。因为七月十五是在丰收以后，供品除了鸡鱼肉，也会有当前的时蔬水果、新麦和新米做成的面食，让祖先也尝尝新。

南方很多地区会持续好几天，要“接祖先”“祭祀”，留祖先在家里过几天，然后再“送祖先”。

虽然平时也会定时祭祀祖先，但是一般都不动祖先牌位，这一天无论是祖先的牌位还是画像，都要一位位请出来。出嫁的女儿也要回家，和娘家人一起祭祀祖先。有个说法，鬼门打开的时候，新鬼先出来，所以很多地方迎祖先会按照祖先去世的时间一一迎回来。

祖先迎回来以后，每日早晚都会把新做好的食品供奉上去，或者一日三餐供奉，对待祖先就像他们还活着一样，有新鲜的吃食、新做的食物、新打出来的米面，都会让祖先也尝尝。即使没有牌位画像，也会用红纸写好祖先的名字放在堂上，每日两次或者三次饭食供奉。因为祖先在家，家里人都是晚辈，行为举止都要守礼规矩，就好像祖先时刻都在自己左右一样。

送祖先走的时候，要再备好鸡鸭饭食供奉，然后包好要给祖先的纸钱和冥衣，包上要写好祖先的名字，免得送不到祖先手里，然后焚烧献祭。

在丁世良、赵放主编的《中国地方志民俗资料汇编·西南卷》中，收录了《开阳县志》（1939年铅印本）描写的贵州开阳地区中元节祭祀祖先的过程：

> “月半”，秋祭之□（遗）意也。有始于七月初九或初十，而终于是月之十二、十三、十四者。先期以谷、麦、玉蜀黍等分盛碟中，以水浇之，使发芽长三寸许。始夕，张祖宗之名位曰“亡人单”者于中堂之左，或悬上世画像及照像，或临时以红纸书而贴之，陈案于座前，上列五谷芽，设茶果数事。燃香沿阶，而院而街心，或略分两行而插之，将以招祖先之灵，迎之自夹道而来于家也。由是日夜燃灯，朝暮祭奠，又以楮制之袋，长约五六寸，宽约三寸余，名“包袱”者若干，分书祖先之名氏

其上，自远祖考妣迄于近亲，并及旁支及已故师友。以亲疏远近定多少之等差，纳具（冥）钱于袋，每袋计冥钞二十一纸。纸以粗楮制，钻钱文于上，俗称“钱纸”者是也。又有兼用金银锞锭者，以大笺折叠而成。大笺者，炼锡成箔，傅于纸之谓。箔之色，或黄或白，于是谓之为金、银。至终夕，复燃香植之夹道如初夕，然后礼拜座下，酹酒案上，号曰“上马杯”，谓祖先将去，行且上马，酹以践之也。于是子孙送之出，举冥镪等而焚之于外，谓之“烧包”。皆敬宗追远之意。

从贵州开阳地区的整个七月十五的祭祀中，我们可以感受到这种视死如生的文化，感受到对祖先对长辈的尊重。即使去世了，他们依然在另一个世界活着，而且在一年中的特殊节日，他们还会回来，与我们一起欢度节日。

（2）超度孤魂

七月十五所有的鬼都出来了，有家的鬼可以回家，没有家的孤魂野鬼只能在道路上游荡。道家做的法事、佛家的盂兰盆会都是为了超度这些孤魂野鬼。人们认为枉死的鬼常常有一口怨气，因着这口气就成为了恶鬼，恶鬼会害人。例如无故在水中溺死的水鬼，怨气不散，就在水里寻找替身，所以七月十五的禁忌之一就是不能到河里游泳，

超度孤魂

（选自清《点石斋画报》）

免得被水鬼拉成替死鬼。也有些鬼没有人祭祀，变成穷鬼，就会到生人家中寻求钱财，阴气靠近，人就会有诸种不顺。所以也要祭祀孤魂野鬼，超度恶鬼，这样既是为自己积了福报，又能让鬼不去给人捣乱。

盂兰盆节有诵经超度鬼魂，给鬼魂准备食物，放路灯、河灯给鬼魂引路等活动。寺院会组织僧人专门诵经，还会给鬼魂施粥，其他信奉佛教的人士或者想要超度亡魂的人士也可以加入。

每到七月鬼节，街市上就多了很多卖冥币、冥纸的，也有很多送佛教经书的，都是用于鬼节超度亡魂。

到了十五这一天商店会及早关门，把街道让给百鬼，街道上每隔一段路会设有香案，香案上放着给鬼的食物，让无主的鬼取用。有些村子会搭起招引孤鬼的台子，点起香，挂起招魂幡，台子上放着各家准备的食物，供孤鬼食用。

（3）**放河灯**

元宵节的花灯点在陆地上，是给人看的，中元节的灯放在水里，是给鬼引路的。人们认为陆为阳，水为阴。

最早的河灯都是做成荷花或者荷叶的样子，可以用纸折叠，也可以是木板上托着灯，也有直接用西瓜皮来做河灯的。上百盏河灯从水里漂下去，亮光越来越少，灭了的河灯，人们认为是被鬼拿走了，它完成了引路的功效。

萧红在《呼兰河传》里专门描写了家乡放河灯的场景，在这段描写中，她也写出了当时东北地区的人们对鬼的看法：

> 七月十五盂兰会，呼兰河上放河灯了。
>
> 河灯有白菜灯、西瓜灯，还有莲花灯。
>
> 和尚、道士吹着笙管笛箫，穿着拼金大红缎子的褊衫，在河沿上打起场子来在做道场。那乐器的

声音离开河沿二里路就听到了。

……

七月十五日是个鬼节，死了的冤魂怨鬼，不得脱生，缠绵在地狱里边是非常苦的，想脱生，又找不着路。这一天若是每个鬼托着一个河灯，就可得以脱生。大概从阴间到阳间的这一条路，非常之黑，若没有灯是看不见路的。

……

但是当河灯一放下来的时候，和尚为着庆祝鬼们更生，打着鼓，叮当地响；念着经，好像紧急符咒似的，表示着，这一工夫可是千金一刻，且莫匆匆地让过，诸位男鬼女鬼，赶快托着灯去投生吧。

念完了经，就吹笙管笛箫，那声音实在好听，远近皆闻。

同时那河灯从上流拥拥挤挤，往下浮来了。浮得很慢，又镇静又稳当，绝对地看不出来水里边会有鬼们来捉了它们去。

……

可是当这河灯，从上流的远处流来，人们是满心欢喜的，等流过了自己，也还没有什么，唯独到了最后，那河灯流到了极远的下流去的时候，使看河灯的人们，内心里无由地来了空虚。

“那河灯，到底是要漂到哪里去呢?”

多半的人们，看到了这样的景况，就抬起身来离开了河沿回家去了。于是不但河里冷落，岸上也冷落了起来。

这时再往远处的下流看去，看着，看着，那灯就灭了一个。再看着看着，又灭了一个，还有两个一块灭的。于是就真像被鬼一个一个地托着走了。

打过了三更，河沿上一个人也没有了，河里边一个灯也没有了。

萧红的这段文字写出了20世纪二三十年代的东北人中元节放河灯的场面，放河灯的时候要在河边设香案祭祀过往的鬼，有的地方也会请和尚念经超度。放河灯不仅仅有超度孤魂的意味，也隐隐有些娱乐的气息，但是鬼神思想依然存在于人们的观念中，鬼节的气氛还是很浓厚。

不仅仅有河灯，中元节晚上，人们还会在街上暗的地方点一盏灯，为幽冥的鬼照照路，所以不管是河灯还是路上的灯，都可以叫作“照幽冥”。

3. 鬼的观念

《礼记》曰:“众生必死，死必归土，此之谓鬼。”甲骨文中的“鬼”，写作，人头上戴着一个大而恐怖的面具。从最早的“鬼”这个字，我们可以看到上古时期，人们就认为鬼与人有着密切的关系，但是又不是人，已经有一种敬畏之意在里面。

《说文解字》曰:“鬼，人所归为鬼。从人，象鬼头。鬼阴气贼害，从厶。”就是说人最终的归宿就是鬼，鬼就像人头上戴着一个面具，鬼的阴气重，对人的伤害很大。

《诗经·小雅·何人斯》曰:“为鬼为蜮，则不可得。”蜮，是传说中的一种在水里的害人的动物，含沙喷射人影，就能让人生病。把鬼和蜮并提，可见先秦时期的思想里鬼是不好的，会害到人的。

清人蒲松龄《聊斋志异》里虽然有害人的恶鬼，但是不少女鬼是美丽而通人情的，甚至比人还善良，而且都有神通，似乎比人神气多了。但是只有鬼想成为人，羡慕人，没有人羡慕鬼的，即使鬼可以在荒野变出豪宅。

鬼神之说自古就有，很多人笃信之，当然也有人斥为无稽之谈。对于鬼神，到底应该如何看，也不是一朝一夕说得清的。但是，很多敬鬼神的做法，关于鬼神的禁忌，背后却是有前人的经验和自然规律的，只是无法解释，因此归因于鬼神。

无论如何，敬宗追远，是我们文化的特点，可以说是联系我们的宗教之根。而对祖先的祭祀，视死如生的态度，则使得我们这个民族更有人情味。

三、中秋节

中秋节是我们中华民族非常重要的一个传统节日，围绕着天空中那轮圆月，人们望月、赏月、拜月，连这一天的食物也是圆圆的月饼。月圆人亦要圆，这一天的主题是月，更是团圆。中秋节，既因为那些美丽的传说，因为空中那轮皎皎明月，充满了浪漫主义气息；也因为一个“圆”字，充满了家的味道。

1. 中秋节的由来

为什么叫“中秋节”呢？中秋节也可以写作“仲秋节”，我们的历法把一年分为四季，一个季度又分为三月：孟、仲、季。八月是秋天的第二个月，是仲月，所以中秋节又可以叫“仲秋节”，是仲月里的节日。八月十五，正好是秋天的中间，所以叫“中秋节”。

中秋节是怎么来的？我们一定会想起嫦娥奔月的故事，月光下讲故事的老人会告诉怀中的孩子，中秋节是为了纪念嫦娥。

传说很久以前，天上有十个太阳，大地被烤得处处龟裂，庄稼根本无法成活，人们无水无食，真的是民不聊生。这时候我们的大英雄后羿出现了，他是一名神射手，搭起弓，嗖的一声就射下来一个太阳，大地上的人们顿时感到热度降了几分。后羿继续嗖嗖嗖，随着太阳被射落，大地越来越凉快。最后，后羿只在天上留了一个太阳。大地慢慢恢复了绿色，人们也回到了正常的生活，后羿成为人人称颂的大英雄。

大英雄遇到了美人嫦娥，两个人相爱了，在人们的祝福声中结为了夫妻，过起了幸福的生活。后羿在村子里教人射箭，嫦娥在家里操持家务，两人相敬相爱，竟是一日也不愿意分开。后来，后羿遇到一个神仙，神仙送给他一枚长生不老的神药，不仅可以长生不老，还可以成仙升天。但是，药只有一枚，后羿离不开嫦娥，嫦娥也离不开后羿，谁也不想独自长生。后羿就让嫦娥把仙药收了起来。

后羿的学生中有一个人叫逢蒙，这个逢蒙心术不正，嫉妒后羿的本事和名望，更垂涎嫦娥的美貌。一日他设计陷害后羿，自以为杀死了后羿，然后跑到后羿家里，对嫦娥说后羿已死，强迫嫦娥交出灵药并做自己的妻子。悲痛交加的嫦娥，看着逢蒙丑恶的嘴脸，想着逝去的丈夫，一口吞下了仙药。吞下仙药的嫦娥，身子越来越轻，慢慢竟然飘了起来，身子飘出了窗外。这时候大难不死的后羿向着家门奔来，嫦娥却已经停不下来，飘到了月亮之上。后羿悲痛难忍，嫦娥在月亮上也是形单影只。

后来每到中秋，后羿都会摆起月饼，在庭院里对着月亮思念嫦娥。人们在这一天，也像后羿一样，纪念月亮上那个善良美丽的女子。

看着失落的后羿，想着天上孤零零的嫦娥，人们也意识到无论什么东西都没有一家人的团圆重要，因此在这一天无论多远，人们都会回家和亲人过团圆节，即使回不去，也会对着月亮思念亲人。不管天南海北，这一晚，我们都看着同一轮明月。

汉代画像石上的玉兔捣药

关于嫦娥奔月的传说，也有其他的版本，说嫦娥骗了后羿，偷取了他的仙药，独自成仙。即使这样，孤零零和一只兔子在广寒宫的嫦娥，让人感到的依然是团圆的可贵。没有亲人在，即使做了神仙又怎么样呢？所以就有“嫦娥应悔偷灵药，碧海青天夜夜心”。

中秋节到底起源于哪儿？有学者研究说起源于上古时期的祭月活动。在古人心中，月亮和太阳一样，都是神秘之物，它们都给人间带来了光，所以有太阳崇拜，也有月亮崇拜。《礼记》上就有：“天子春朝日，秋夕月。”夕月，就是祭祀月亮。只不过当时祭祀日月的活动，只能由天子进行，因为日月高贵而神秘，不是人人都可以触碰的，后来祭月才慢慢地传到民间。

也有学者认为中秋节起源于上古时期的秋祭活动。秋天是收获的季节，收获后会祭祀神灵，所以这一个时刻，人们会聚集起来，献祭神灵，感谢丰收，并且祈求来年的风调雨顺。

不管这个节日起源于哪儿，一直到汉魏的民俗节日中，都还没有中秋节。直到唐代，才盛行赏月、拜月的活动。到了宋代，官方把中秋节定为一个全国同庆的节日。与其他传统节日相比，中秋节是出现得比较晚的了。

2. 月亮上都有什么

人类第一次登上月球的时候，发现月球上一片坑坑洼洼，什么都没有。比起月球，我们还是喜欢中华传统文化中那轮又大又圆的月亮，那上面有广寒宫，广寒宫里住着孤单的嫦娥和她喜欢的小兔子。广寒宫外，据说还有一个叫吴刚的男人日日夜夜砍着一棵桂花树。

据说那只兔子是嫦娥最爱的宠物，日日抱着。那天逢蒙闯进来的时候，嫦娥正抱着兔子等待后羿回来。等到嫦娥吃了仙药，升天之时，那只兔子靠着嫦娥，也得了仙气，与她一起上了天，变成了玉兔。传说有一年八月十五，人间生了瘟疫，嫦娥就派玉兔下凡，给人们治病。玉兔救了人们，人们感念它的恩情，每年八月十五拜月的时候，会制作兔子像，祭祀玉兔。老北京的小玩意里就有“兔儿爷”，兔头人形，用土捏成。老舍先生在他的《四世同堂》里就描绘过兔儿爷的形象：

> 脸蛋上没有胭脂，而只在小三瓣嘴上画了一条细线，红的，上了油；两个细长白耳朵上淡淡地描着点浅红；这样，小兔儿的脸上就带出一种英俊的样子，倒好像是兔儿中的黄天霸似的。它的上身穿着朱红的袍，从腰以下是翠绿的叶与粉红的花，每一个叶折与花瓣都精心地染上鲜明而匀调的彩色，

兔儿爷

使绿叶红花都闪闪欲动。

兔儿爷越做越精致，越做越漂亮，所穿衣物所具形象也都不同，非常招孩子们喜欢。早在明代，就已经有了兔儿爷，作为祭月的物品，明代的《北京岁华记》记载:“市中以黄土博成，曰兔儿爷，着花袍，高有二三尺者。”

关于吴刚的传说，也是版本众多，但是大都是本为樵夫的吴刚，成仙后触犯了天条，被玉帝罚到广寒宫，砍月桂树，月桂树砍倒之时，对他的处罚才算完成。但是这株月桂树不仅非常高大，有五百丈高，还有一个特点，就是每砍下一斧子，就会自动愈合，吴刚日日夜夜砍着月桂树，一直不能停息。

看到这里，我们很容易想到希腊神话故事里西西弗斯的传说。西西弗斯也是受罚，从山底下往上推一个巨石，但是每当他快推到山顶的时候巨石就会自己滚落下来。看来无论中西，都有这种循环往复的天罚。

关于这株桂花树也有故事。成语“蟾宫折桂”，就是形容科举高中，金榜题名。人们对这株桂花树充满了美好的想象。在很多地方，每当有人赶考的时候，家里都会用糯米桂花做桂花糕，又叫“广寒糕”，吃了会“蟾宫折桂”。

3. 赏月、拜月

俗语“男不拜月，女不祭灶”，是说拜月一般由女子进行，祭灶一般由男子进行。女子拜月，大概因为月亮是阴柔的代表，阴气重，合于女子的气质吧？但是很多地方，男子也拜月，有一些地方的大型拜月活动，依然是由男子主持。

拜月的时候，在院子中设几案，摆放瓜果、鲜花，焚香，对着月亮的方向叩拜祈祷。《新编醉翁谈录》里关于拜月之俗有："倾城人家子女，不以贫富，能自行至十二三，皆以成人之服服饰之，登楼或于中庭焚香拜月，各有所期；男则愿早步蟾宫，高攀仙桂……女则愿貌似嫦娥，圆如皓月。"这里，拜月许的愿望非常有意思，男子希望蟾宫折桂，女子希望自己能像嫦娥一样美丽。

女性们向往着嫦娥的美丽，向往着织女的美丽，可是不管是先天条件，还是无情的岁月，把梦想寄托于美丽，总是不坚实的，这一点就不如男性。不过美丽作为一种美好的特质，依然值得我们追求。

老北京祭月拜月都非常讲究，家家在庭院摆起桌案。贡品一定有一大盘层层码起来的月饼，上供用的水果也少不了，都是圆圆的，比如苹果。西瓜也一定要有，切成两半，雕刻成莲花的样子，对着月亮，取"花好月圆"的吉祥之意。这里没有桂花，多用鸡冠花，鸡冠花的婆娑之态，很像婆娑的月影。贡品里还会有毛豆，月亮里不是住着玉兔嘛，毛豆就是为它准备的。也别忘了放上式样各异的兔儿爷，拜月后就是孩子们最爱的玩具。人们认真地准备，认真地祭拜，所求不过是"花常好，月常圆，人常在"。

顽童祭玉兔

中秋团聚

（选自清代孙温绘 《红楼梦全本》）

拜月之后，合家聚集，围坐在摆着月饼、瓜果的小桌前，赏月闲话，惬意极了。人们也会去湖边船上，或者到酒楼等高处的建筑上，寻找适宜的地点赏月。文人墨客此时更是吟诗作赋，满腹情怀要抒发；羁旅在外的游子，这时候也对着月亮开始想家了。

绝大多数诗词大家写过月亮，写过中秋之月。苏轼的《水调歌头·明月几时有》可以算是写中秋的上佳之作。“但愿人长久，千里共婵娟”，笔者还是中学生的时候读来只知道好，只觉得达观，现在读来却觉得微微心酸。团圆团圆，月亮尚且月月圆，可是在这个流动性极强的社会里，兄弟姐妹，父母子女，又有多少能月月团圆，“但愿人长久”是多么深切的愿望。杜甫也说“露从今夜白，月是故乡明”，白居易叹“西北望乡何处是，东南见月几回圆”，晏殊感叹“未必素娥无怅恨，玉蟾清冷桂花孤”，连豪情万丈的李白面对这轮秋月都写出“玉阶生白露，夜久侵罗袜。却下水晶帘，玲珑望秋月”。这个团圆之夜，让人惦念故乡，珍惜亲人，让人停下行路的脚步，思索远离家乡的前行到底是为了什么。

4. 团圆之饼：月饼

月饼的前身可以追溯到殷周时期的“太师饼”，据说是太师闻仲发明的。《封神演义》里闻仲是商朝最后一个君主纣王的太师，是定国安邦的老臣，使着雌雄双鞭，甚是厉害，与姜子牙不分上下。在行军打仗的过程中，他发明了一种甜味的边薄心厚的圆形糕饼作为军粮，好吃又便于携带。

到唐代，“太师饼”改叫“胡饼”，因为当时主要是用从西域传过来的胡桃仁做馅儿，所以叫作胡饼。关于唐朝的月饼，有两个故事：

一是说当时李靖平定了匈奴，八月十五得胜归来，当时一个吐蕃来的商人向唐高祖李渊献上了一盒胡饼，祝贺此次大捷。李渊取出圆饼，看着天上圆圆的月亮，笑着说:“应将胡饼邀蟾蜍。”从此人们开始把这种圆饼与八月十五的圆月联系起来。早在战国时期人们观看月亮，看到黑色的斑影，就认为月亮上住着一只蟾蜍，所以后来广寒宫也常常被叫作蟾宫。

另一个故事是说唐玄宗和杨贵妃在中秋之夜吃着胡饼赏月，唐玄宗觉得胡饼这个名字不雅致，杨贵妃看着天上的月亮，又看看这个像月亮一样的圆饼，笑道:“不然就叫月饼吧！”当然这个故事很可能是后人杜撰的，但是帝王夫妻中，凡是有情调的事情，人们总是忍不住想到唐玄宗和杨贵妃。他们一个贵为大唐皇帝，一个是万千宠爱于一身的贵妃，却像寻常小儿女一样在七夕窃窃私语，许下盟誓，平时小吵小闹似乎也不断，很像一对普通却恩爱的男女。

到了宋代，皇家一到中秋就会吃一种圆饼，称为“小饼”或者“月团”。慢慢传到了民间，苏轼就有“小饼如嚼月，中有酥和饴”。南宋的文献中已经出现了“月饼”这个词。到了明代，中秋节和月饼就成为一个固定的搭配了，月饼的种类也越来越多，甚至有手巧的师傅开始在月饼上绘制嫦娥奔月的故事。明代田汝成的

《西湖游览记》里就有“八月十五日谓中秋，民间以月饼相送，取团圆之意”。

现在的月饼已经成为中国特色美食中一道独特的风景了。单是月饼的馅儿，就有青红丝白糖、五仁、枣泥、豆沙、蛋黄、肉松、莲蓉、玫瑰、火腿等等，还有把各种菜品作为月饼馅儿的，例如香辣牛肉月饼，这几年冰激凌月饼更是风靡。月饼的皮也有很多种类，有一吃就掉渣渣的酥皮的，口感香浓醇厚的奶油皮的，色泽金黄有光、皮馅儿饱满相贴合的浆皮的。按地区分更是有皮薄松软、味道香浓的广式月饼，层层相叠、酥脆、咸甜合宜的苏式月饼，皮薄酥软、外形精美的京式月饼，重油重糖的潮式月饼，小巧玲珑的徽式月饼，等等。

受各种现代因素影响的月饼与传统月饼大相径庭，例如我们前面提到的冰激凌月饼，皮里包裹的全是香浓可口的冰激凌。西方的奶酪、草莓酱、蓝莓酱也成为月饼馅儿的一种。更名贵一点的月饼开始用鲍鱼、鱼翅做馅儿。追着养生的潮流，又出来了药膳月饼、人参月饼、补钙月饼，品类繁多，不可胜记。

月饼种类的繁多，体现了今天的人对八月十五的重视。但是，也不能不说，这个传统佳节，正在被很多商业化的东西侵蚀着。

倒不妨，只是摆上几块简单的传统月饼，看看天空的月亮，想想后羿和嫦娥的故事，与家人聊聊天。如果回不到家人的身边，亦可“玉阶生白露，夜久侵罗袜”“但愿人长久，千里共婵娟”。也许我们不再相信月亮上有广寒宫，有嫦娥和玉兔，不再相信那婆娑的影子是高达五百丈的月桂树的树影，也不再用贡品拜月、祭月，但是这一天，我们依然从凡俗的生活中抽离，对着月亮与家人一起欢笑或者独自静赏。天上的那轮圆月也许没了缥缈动人的梦，但是花好月圆人常在的希望却从来没有离我们远去。

民间做月饼
（选自清代《太平欢乐图》）

四、重阳节

“独在异乡为异客，每逢佳节倍思亲。遥知兄弟登高处，遍插茱萸少一人。”王维的这首《九月九日忆山东兄弟》脍炙人口，很多人甚至对重阳节登高插茱萸的习俗的认识不是来自生活，而是来自小时候学王维的这首诗。

九月九日，重阳节。根据《周易》，九是阳数，九月九日，日月相同，同为阳数，所以叫作重阳，也可以叫作重九。

有学者研究认为重阳节早在战国时代就出现了，在汉代已经正式成为节日，有插茱萸、吃糕、饮菊花酒等习俗。其中一项证据来自《西京杂记》，里面写了宫廷里的一个宫女贾佩兰放出宫后与人闲谈的时候提到，九月九日宫里面要佩插茱萸，食用蓬饵，饮菊花酒，“令人长寿”。这个贾佩兰正是汉高祖宠爱的戚夫人的宫女，戚夫人遇害后，被放出宫来。蓬饵，是一种糕点，后来发展成为重阳糕。

三国时期，魏文帝曹丕在《九日与钟繇书》中说：

“岁往月来，忽复九月九日。九为阳数，而日月并应，俗嘉其名，以为宜于长久，故以享宴高会。”可见，九九让人们想到长长久久，所以这一天祈寿成为一个重要的主题。

九月是季秋之月，即秋天的第三个月，也是最后一个月，《礼记》有：“是月也，霜始降，则百工休。乃命有司曰：‘寒气总至，民力不堪，其皆入室。’”九月，暑气已经全消，秋高气爽，天气合宜，正适合登高出行。但是寒气即将到来，人们开始有了对阴寒的恐惧。在重阳这个极阳的日子，很多活动都是为了抵御阴寒、驱邪、祈求平安长寿，同时也把握凉爽的秋天，进行室外活动。

重阳节的主要活动有登高插茱萸、饮酒赏菊、吃重阳糕。

1. 登高插茱萸

登高插茱萸这个习俗背后有一个故事，南朝梁人吴均在《续齐谐记》中记载了下来，传说东汉年间汝南人桓景一直跟着得道的费长房学习仙术，一天费长房对桓景说：“九月九日，你家里要有生死大灾。你们全家都要缝制一个布袋，在里面装入茱萸，缚在胳膊上，然后全

茱萸花

（选自明《三才图会》）

家出门登高，才能躲过这一劫。”桓景当下回家就这样吩咐了家人，在九月九日这天全家胳膊上戴着装茱萸的小袋子，出门登高。等到回来一看，家里的鸡犬牛羊全都暴死，知道全家确实是躲过了一个大劫难。其他人知道后，到重阳节这一天也会佩插茱萸，登高以求辟邪，希望长寿平安。

茱萸，是一种常绿带香的植物，具有杀虫消毒、逐寒祛风的功效，它的茎叶都可以入药，具有暖胃燥湿的功能，常见药物“六味地黄丸”里就有茱萸。《本草纲目》上有茱萸气味辛辣芳香，性温热，可以治寒祛毒的说法。《风土记》上也有记载，九月九日折茱萸以插头上，辟除恶气而御初寒。要知道，在“丝绸之路”打通之前，中国是没有辣椒的，正是茱萸提供了“辛”的味道。

端午节人们会佩插菖蒲、艾叶，重阳节虽然不像端午节一样是五毒日，但是重阳节也是气候变化、秋冬交替的时刻，这时候人们都会注重保健，防止疫病出现。

茱萸又被称为“辟邪翁”，在重阳节这一天除了把茱萸缝进袋子里，做成香囊佩戴在胳膊上或者衣物上，女人和孩子也会直接把茱萸插在头上。

关于茱萸的功效还有一个传说，春秋时期吴国弱小，每年都要向强邻楚国进贡。这一年吴国使者给楚王带来了吴地出产的吴萸，楚王一看不是金银珠宝布帛，非常生气，认为是吴国有意为之，所以就直接把吴国使者赶了出去。楚国的一位姓朱的大夫收留了吴国使者，吴国使者解释说吴萸是本国非常重要的药材，听说楚王胃寒，身体不适才特意进贡的。朱大夫款待并送走了吴国使者，留下了吴萸。等到楚王胃寒又犯的时候，朱大夫用吴萸煎药给楚王服用。楚王很快痊愈，才知道事情真相。第二年楚国遇到疫病，朱大夫又教给百姓佩插吴萸，并且用吴萸入药，解除了疫病。百姓感念朱大夫的恩德，把吴萸中间加了“朱”字，成为“吴朱萸”，后来变成了“吴茱萸”。

2. 饮酒赏菊

菊花是秋天的代表。在天气转寒、百花凋谢的季节，菊花傲然开放，成为生命力的代表，不与百花争艳，又是高洁的象征。晋朝陶渊明热爱菊花，有名句“采菊东篱下，悠然见南山”。因为不肯为五斗米折腰的陶渊明，菊花更加为人喜欢。

菊花在中国的栽培已经有三千多年的历史，品种也达三千余种。菊花有重要的药用价值，具有清热解毒、明目健脑的功效。

秋天正是赏菊的好季节，此时各品种菊花盛开，虽没有百花争奇斗艳的盛景，却也是千姿百态，别有韵味。饮酒赏菊成为了重阳节人们非常喜欢的活动。《红楼梦》里就在重阳节这天开了诗社，做了菊花诗，开社之前薛宝钗和史湘云这样安排作诗：

> 起首是《忆菊》。忆之不得故访，第二是《访菊》。访之既得便种，第三是《种菊》。种既盛开，故相对而赏，第四是《对菊》。相对而兴有余，故折来供瓶为玩，第五是《供菊》。既供而不吟，亦觉菊无彩色，第六便是《咏菊》。既入词章，不可不供笔墨，第七便是《画菊》。既为菊如是碌碌，究竟不知菊有何妙处，不禁有所问，第八便是《问菊》。菊如解语，使人狂喜不禁，第九便是《簪菊》。如此人事虽尽，犹有菊之可咏者，《菊影》《菊梦》二首续在第十、十一。末卷便以《残菊》总收前题之盛。这便是三秋的妙景妙事都有了。

一个菊花，有诗心的人竟可以生出这么多想法，从这群不是文人的女子身上，我们也可以隐约看到文人的风采。重阳节饮用的也不是一般的酒，而是菊花酒。《西京杂

菊市

（选自清《聊斋图册》）

记》曰："菊花舒时，并采茎叶，杂黍米酿之，至来年九月九日始熟，就饮焉，故谓之菊花酒。"在这一年的重阳节，采摘菊花和它的茎叶，与酿酒的粮食一起，酿造酒，存起来，等到下一年重阳节打开。享用重阳菊花酒，听来就觉得惬意，这样的菊花酒，闲适如陶渊明，一定没有少喝。

看到这，不得不感叹古人的情致，他们没有电视、电脑、冰箱，没有巴厘岛几日游，不攀比名牌消费，日子却过得精致，惹人艳羡。《红楼梦》里妙玉款待老太太的那次，泡茶用的是旧年的雨水。招待贾宝玉、林黛玉和薛宝钗的茶用的是什么水？是旧年收集的梅花上的雪水。放在坛子里埋在地下，喝的时候挖出来，用来泡茶。林黛玉有一次和贾宝玉生气，看到他进来，只是不理，吩咐完紫鹃就出门，她临走前吩咐的是一句什么话呢？"把屋子收拾了，撂下一扇纱屉；看那大燕子回来，把帘子放下来，拿狮子（注：一种压帘用的带座的小石狮子）倚住；烧了香就把炉罩上。"这就是她的生活，充满了诗意，但是一切都是自然而然的，她就是这样生活着。现在我们怕是连那份采菊花酿酒留待来年的耐心都没有了。

3. 吃重阳糕

饮酒的时候，还要配上美味的重阳糕。重阳糕的做法是用新收的大米磨成米粉，配上黍米磨成的粉做原料，发酵，再点缀上枣、栗等果仁，加上糖，蒸熟，最后插上彩旗，象征插上了茱萸。糕谐音“高”，登高插茱萸，再应景不过了。宋代吕原明的《岁时杂记》里有“二社重阳尚食糕，而重阳为盛，大率以枣为之，或加以栗，亦有用肉者。”宋孟元老《东京梦华录·重阳》写道:“前一二日，各以粉面蒸糕遗送，上插剪彩小旗，掺饤果实，如石榴子、栗子黄、银杏、松子肉之类。又以粉作狮子蛮王之状，置于糕上，谓之‘狮蛮’。”

《红楼梦》里重阳节有菊花，有诗歌，有酒，因为正好薛家庄上新产的大螃蟹送上来了，他们还吃了螃蟹。事实上，此时正是蟹肉肥美的时候，在江苏和安徽很多地方，重阳节这天就是要吃螃蟹。

在浙江有些地区这天会吃粽子，叫“重阳粽”，河北某些地区这天吃饺子。总之，不同的地方，在重阳节这天有不同的饮食风俗，但是登高插茱萸、赏菊花，是重阳节比较普遍的传统风俗。

卖重阳糕

（选自清《营业写真》）

五、七月到九月的其他节日

1. 罗祖生日

农历七月十三是罗祖生日，罗祖是剃头行的祖师。

传说清朝雍正皇帝头上生了疮，每次梳头的时候只要碰到疮就很难受。生性多疑的雍正皇帝怀疑是梳头太监要害自己，杀了很多梳头太监。住在白云观的罗道士知道这件事情后很为枉死的太监们难过，于是苦思冥想，发明了一套剃头刮脸的工具，以及梳辫子用的拢子和篦子，并且教梳头太监按、槌、拿全套的理发梳头方法。雍正对梳头太监的工作很满意，从此不再杀人，还赐予罗道士封号。罗道士死后，厚葬在白云观里。现在白云观里的“罗公塔”，就是葬罗道人的地方。理发师们很感激罗道士，把他尊为理发业的祖师爷。

每到罗祖生日这天，江苏地区全行业都会停业一天，办“罗祖会”，理发师全家也都会吃面，向罗祖拜寿。徐州还有罗祖庙，每到这一天，剃头匠们都会到庙里上香。像天津等地的澡堂和理发店在这一天还会张灯结彩，举行各种活动来纪念罗祖。

2. 鲁班生日

农历七月二十一是木匠的祖先鲁班的生日。这一天木匠们往往会设鲁班的牌位，为他上香，进行祭拜。

鲁班是一个妇孺皆知的人物，他是一个了不起的发明家，据说墨斗、锯、铲子、磨、碾子等都是鲁班发明的。民间流传着关于他的很多小故事，我们还有成语“班门弄斧”，可见鲁班多受欢迎。在那个飞天绝对是一个梦想，只有鸟儿才能飞上天的时代，传说鲁班发明了木鸢，可以飞上天，三天不落。鲁班在人们的心中是无所不能的，所以很多不是他建造的建筑，人们也会认为是他造的。例如有名的赵州桥，明明是隋朝李春主持修建的，可是当地就有歌谣:“赵州桥来，甚么人修？赵州桥呀，是鲁班修！甚么人从桥上过呀，是财神爷推车压出一道沟!”

传说鲁班曾为鲁国建造宫殿，被规定了严格期限，完不成就是杀头的罪过。那时候伐木只有斧子，不仅速度慢，砍下来的木头还非常不平整，需要再花费人力重新处理。一日鲁班急着在山野间寻找木材，抓着草木向上攀爬的时候，被一株草划破了手。他停下来看是什么草这么厉害，只见草的边缘呈现锯齿状。一会儿他又看到一只蝗虫吃草，速度很快，他仔细观察，蝗虫的牙齿也是锯齿状。由此，他得到启发，发明了锯齿状的锯，整个队伍的工作速度都大大提高，在规定的时间内完成了宫殿的建造。苹果掉下来砸到牛顿，能砸出万有引力；草划破鲁班的手，后世就有了锯。知识和发现本就是无处不在的，自然界从来不缺知识，缺的是有心发现的人。

历史上真正有记载的鲁班，是春秋时期鲁国人，名叫公输般。说到这里，大家应该想到公输般发明云梯，用来攻打宋国，被墨子所屈的故事。我们的大发明家，在文人墨子这里吃了亏，但是云梯是实实在在的发明，墨子靠的只是逻辑道理和口才。公输般是一个工匠，是一个发明家，让他论战论道，听凭这场比试进行的国君多少是不智的。

3. 地藏王诞辰

农历七月三十是地藏王的诞辰。在我国江南地区，这一天人们都会到供奉有地藏王的寺庙上香祈愿，晚上各家都会点地香和地灯。地香在吴地被称为“狗屎香”，这个名字的背后还有个故事。

元末众多农民起义军中的一支由张士诚带领。张士诚占领吴地的时候，体恤百姓，深得民心，后来兵败被

敦煌壁画中的地藏王菩萨像

杀。朱元璋做了皇帝，对张士诚非常怨恨，进而迁怒吴地百姓，所以对这个地区收很重的税。百姓们心中怀念张士诚，想到张士诚是七月被杀，就在七月假借地藏王诞辰，点香纪念张士诚，并且把这种香叫作“九四香”，因为九四就是张士诚的小名。为了不引起朝廷的注意，又叫“狗屎香”，狗屎谐音“九四”。

地藏王诞辰这天寺庙香火旺盛，家家户户会点地香、地灯。传说地藏王终年不睁眼，只在诞辰这一天睁眼，看到遍地都是祭祀他的香火，以为一年都是如此，就会很高兴，这一年都会平安和顺。在老百姓与神的互动中，经常有这种欺瞒神的善意幽默，这就是中国人的一种态度，并不事事苛求，但求双方和乐，圆满即可。

不过这天点地香和地灯对人们的健康也是有益的，秋天正是蚊虫肆虐的时候，点香正可以驱除蚊虫。

地藏王是佛教里四大菩萨之一，根据《地藏十轮经》，他的名字来自“安忍不动犹如大地，静虑深密犹如秘藏”。他要像万物依靠土地一样为众生所依靠，同时内心藏有大智慧，引导众生解脱困厄，走向佛道。

佛教四大菩萨指的是：观世音菩萨、文殊菩萨、普贤菩萨和地藏王菩萨。每个菩萨名字前面还有一个形容词，观世音菩萨是大悲观世音菩萨，文殊菩萨是大智文殊菩萨，普贤菩萨是大行普贤菩萨，地藏王菩萨是大愿地藏王菩萨。地藏王菩萨曾经发下大愿:“为是罪苦六道从生广设方便，尽令解脱，而我自身方成佛道。”也可以说是“众生度尽，方证菩提；地狱未空，誓不成佛”。地藏王菩萨的愿就是解脱众生，众生都成佛后，他最后一个才成佛。为了普度众生，他就要到众生最苦的地方，这最苦的地方就是“地狱”，这是真正的“我不入地狱，谁入地狱”。

4. 孔子诞辰

农历八月二十七是孔子诞辰，全国各地都会举行祭祀孔子的活动，甚至韩国和日本在这一天也会纪念孔子。八月二十七日曾经被定为中国的教师节，因为孔子是“万圣先师”，有弟子三千，其中成名弟子就有七十二人，他创立的学说更是影响深远。

孔子名丘，字仲尼，春秋时期鲁国人。《史记·孔子世家》上说孔子“生而首上圩顶，故因名曰丘云”。圩顶，就是中间凹陷。孔子的父亲叔梁纥和妻子只有九个女儿，妾倒是生了一个儿子，叫孟皮，但是有足疾，不能继承香火。这个时候叔梁纥已经六十多岁了，他看上了颜氏的女儿，就去向颜氏求婚。颜氏的大女儿二女儿都不愿意，小女儿颜征在同意。颜征在只有18岁。

叔梁纥和颜征在居住在尼山，生下了孔子，因为是第二个儿子，所以叫仲，又因为生于尼山，所以取字作仲尼。

孔子出生后三年，他的父亲就因病去世了。颜征在也被叔梁纥的正妻排斥，带着孔子艰难地讨生活，所以孔子有一句话是“吾少也贱，故多能鄙事”。虽然生活艰苦，但是孔子聪明伶俐并且勤奋好学，对事情总有打破沙锅问到底的精神，终于学有所成。孔子关心国家和人民生活，一直希望能够在政治上有所建树，但是一直不得志，颠沛流离，直到51岁才在鲁国被任命为中书宰，政绩突出，不断受到提拔。但是鲁国内部的政治斗争激烈，在他56岁这年鲁国郊祭，郊祭后按照惯例给大夫们送肉，却唯独没有孔子的。孔子知道鲁国已经不打算再继续任用他了。从这一年，孔子踏上了周游列国的道路。

圣人孔子，无论是在教育还是政治上都有杰出的才能，培养了众多杰出人才，在治理国家的过程中，也展示了才能，改善了所在国家的状况。但即便是圣贤，也是不断遭受挫折，甚至驱逐。孔子是儒家的创始人，是万圣先师，圣贤的人生从艰难中开始，在颠沛中行进，这些对我们都有启迪和教益。

5. 观音会

每年的农历二月十九、六月十九和九月十九都会有观音会。之所以把这三天定为观音会，是因为人们认为二月十九是观音的诞辰，六月十九观音登上莲台得道，九月十九观音出家传道。这一天妇女们会前去观音庙烧香许愿，不管是姻缘子嗣还是消灾解难，都可以向观音祈求。观世音菩萨大慈大悲，会解一切人间苦难。有些妇女为了表达自己的虔敬之心，会为这一天的上香活动吃素，称为吃“观音素”。

佛教的观世音菩萨，是百姓最为熟悉和喜欢的佛教菩萨之一，无论是否了解佛教内容、是否信奉佛教，百姓都相信观世音菩萨慈悲为怀，不管遇到什么困难，只要默念观世音菩萨，菩萨都会显灵。观世音菩萨认为众生平等，看到的只是处于苦难中的众生。

我们看到的观音像多为女相，事实上最早的观音像都是男相，后来民间流传妙善公主修成观音的故事，观音呈现女相的现象就越来越多。

传说很久很久以前，有一个西域兴林国妙庄王，他有三个女儿，大女儿美丽但是非常虚荣，二女儿骄横，三女儿就是妙善公主，从小善良懂事，对世人怀着怜悯之心。她出生之前就有吉兆，花园中百花盛开。二月十九日公主降生，但是自从出生就啼哭不止，宫里医生都束手无策，妙庄王就张榜寻求能止住公主哭声的能人异士。后来果然来了一位高人，他诊断公主确实没有任何疾病，但是眼中都是悲悯之色，公主是因为悲悯众生皆苦，所以啼哭不止。这个高人念了一句话，“佛在灵山莫远求，灵山只在汝心头。人人有个灵山塔，好向灵山塔下修”，公主的哭声就止住了。妙善公主聪慧善良，精通医术，帮助人民解除困苦，受到人民的喜欢。她一心向佛，最终在六月十九日这天登上了莲花台，在香山紫竹林成佛。

在人们的心里，观音大概就是美丽善良的妙善公主的样子。更有千手观音像，人们认为观音有千手千眼，能够看到一切人的苦难，能为一切人提供帮助。其实在佛教里，观音虽然是男身，但是可以化作任何相貌，只看人们的需要。而女子似乎和慈悲怜悯之心有着更密切的联结，这种怜悯与爱，好像是女子的一种特性，所以人们想到观音，总认为是一个女子的样子。

观音通常手拿净瓶和柳枝，净瓶里盛水，象征净化身心，净瓶里的水也可以为众生消除灾厄。柳枝，象征

敦煌壁画里手拿净瓶和柳枝的观音像

着柔软慈悲，柳枝垂下，象征要向下关注众生。有学者考证说，观音手中之所以持有这两件东西，是印度佛教徒生活的反映，都象征着清洁，要洁净自身。

观音，本是一种宗教的存在，但是却成为一个跨越宗教的形象，可见人们对于大慈大悲，对于爱的需要是没有宗教与国界之分的。

第五章 冬藏

一、冬至

冬至是我国很重要的一个传统节日，有两千多年的历史。我们素有“冬至大如年”的说法，在很多地方冬至像过年一样重要。

1. 冬至与数九

《三礼义宗》解释了为什么这一天叫冬至：“至有三义，一者阴极之至，二者阳气始至，三者日行南至，故谓之至。”冬至这一天，是一年中白天最短、黑夜最长的日子，也是阴气最重的日子，这一天以后阳气开始回升，白天开始逐渐变长。《汉书》曰：“冬至阳气起，君道长，故贺。”也就是说这一天阳气开始生发，是非常值得庆贺的日子。

《红楼梦》里秦可卿缠绵病榻，病重之时凤姐最后一次来看她，她就说了这么一句：“好不好，春天就知道了。如今现过冬至，又没怎么样，或者好的了也未可知。婶子回老太太、太太放心罢。”在古代，人们常常认为病重的人熬过冬至，就有了康复的可能，因为冬至以前，阴气不停加重，身子虚弱的人本就阳气不足，在这样的日子是非常不利于养病的，熬过了冬至，阳气开始生发，身子也会渐渐好起来。

冬至日又叫“交九”，我们有“数九寒天”的说法，寒冷的冬天是以九为单位计算的，从冬至当天开始数，九天为一个九，数够九个九，冬天就过去了。早在南北朝时期人们就有数九的习惯了，冬天数着过，也可以称为“熬冬”。华北地区有《九九歌》：

一九二九不出手；
三九四九冰上走；
五九和六九，河边看杨柳；

七九冻河开，八九雁归来；

九九加一九，耕牛遍地走。

我们说“夏练三伏，冬练三九”，三伏天最热，三九天最冷，都是考验人的时刻。三九天一开始，一九二九手都伸不出来，一定要缩起来取暖，到了三九依然是冰上走，气温还是在零度以下。这首数九歌是流传最广的，现在华北地区的人们一说起数九，首先想到的就是这支《九九歌》。

2.“冬至大如年”

因为冬至意味着阳气开始回升，所以是一个值得庆贺的日子。再者，对于古人来说，一切都有阴阳之分。例如男女之间男为阳，女为阴；君臣之间，君为阳，臣为阴。最后，冬至也是阴阳交替的时刻。在古人眼中阴阳相争的时刻，都是动荡不安的，人的身体处于自然之中，也是处于动荡中，在这样的时刻要格外注重修身养性。《礼记·月令》里对冬至时的要求就是：“君子斋戒，处必掩身，身欲宁，去声色，禁嗜欲，安形性，事欲静，以待阴阳之所定。”这个时期，人要清心寡欲，远离声色，让自己的整个性情和生活都沉静下来，等待阴阳安定下来的时刻，再从事其他的活动。

《后汉书》记载:“冬至前后，君子安身静体，百官绝事，不听政，择吉辰而后省事。”在汉代，冬至百官都要放假，正顺应了《礼记》上对冬至“身欲宁”“事欲静”的要求。

到了唐宋时期，冬至已经像年节一样重要了。尤其是在京师，南宋孟元老在《东京梦华录》里记录了这个情景:

> 十一月冬至。京师最重此节，虽至贫者，一年之间，积累假借，至此日更易新衣，备办饮食，享祀先祖。官放关扑，庆贺往来，一如年节。

人们非常重视冬至，即使是特别穷的人，也会用这一年积累的钱财，或者跟别人借钱，买新衣服，准备丰盛的食物。冬至这天，穿新衣，摆起贡品，祭祀祖先。在平时，京师是禁止“关扑”(一种赌钱的游戏)的，冬至时节，却要放关扑，以示庆贺。

此时，朝廷要在太庙举行荐黍之典。皇帝祭祀祖先，不像民间准备大鱼大肉，而是向祖先进献五谷，这是国之根本，告诉先祖粮食丰收，国泰民安。臣子之间也会相互往来祝贺，相互馈赠礼物。南宋吴自牧的《梦粱录》中这样记载这个场景:

> 十一月仲冬，正当小雪、大雪气候。大抵杭都

清代冬至雍正皇帝祭先农坛

风俗，举行典礼，四方则之为师，最是冬至岁节，士庶所重，如馈送节仪，及举杯相庆，祭享宗，加于常节……此日宰臣以下，行朝贺礼。士夫庶人，互相为庆。太庙行荐黍之典，朝廷命宰执祀于圜丘。官放公私僦金三日。车驾诣攒宫朝享。

3. 履长和隆师

冬至，朝廷祭祀太庙祖宗，百姓人家也要祭祀先祖，对先祖的祭祀和敬重必然带来尊老敬长的传统。所以，冬至有“履长”“隆师”的风俗。

冬至这天，妇女要进献履袜给舅姑长辈，一方面因为冬至虽然阳气开始回升，但是进入数九寒天，希望舅姑长辈可以穿着暖和的鞋袜健康过冬。另一方面表达从冬至开始就要认真做女红，要讲究各种规矩了。在古代，冬至以前，女子于女红往往就心生懈怠，停下来不做了，因为阴气渐重，女子本就体质属阴，所以精神会不好。到了冬至，妇女们都重新认真对待女红，献鞋袜正式开始。

三国时期大才子曹植就在冬至这天向曹操进献白履和袜子，希望父亲在寒冷的冬天能平安舒适，同时还上了一个表《冬至献袜履表》，表达自己遵从“国之旧仪”“亚岁迎祥，履长纳庆”。可见冬至向长辈献履袜的

拜祖

(选自清院本《十二月令图轴》)

传统，在我国是由来已久的。

“隆师”，“隆”是尊敬的意思，“隆师”就是指敬师。民国以前的私塾，冬至这一天，学堂会挂起孔子像，像下面写着“大成至圣先师孔子像”。学生和老师要一起叩拜至圣先师孔子，进行祭孔的活动。拜完孔子以后，学生要叩拜老师，然后学生之间要相互拜贺。

4. 冬至的饮食

冬至在先秦时期曾被当成一年的开始，所以冬至的很多习俗都像过年一样，例如冬至全家团圆、吃饺子。白居易关于冬至的一首诗这样写道:“邯郸驿里逢冬至，抱膝灯前影伴身。想得家中夜深坐，还应说着远行人。”正是因为冬至像过年一样，全家团圆，吃着饺子，聊家常，而游子在这一天就因不得团圆而格外感到孤单，家中也因为有未归人，团圆之时会不停地念到想到。

北方地区冬至要吃饺子。谚语说:“十月一，冬至到，家家户户吃饺子。”传说冬至吃饺子起源于“医圣”张仲景的“祛寒娇耳汤”。张仲景辞官回家的那一年，赶上冬至，天气特别冷。他看到家乡人的耳朵都冻烂了，于是买来羊肉、辣椒以及其他祛寒材料，在院中

包饺子

支起一口大锅，把这些材料洗净放进锅中熬煮，然后捞出羊肉，用擀好的面皮把羊肉包起来，每个大小样子都像人的耳朵，所以叫作“娇耳”。煮熟以后，他给乡亲们每人发一碗滚烫的肉汤、两只“娇耳”。大家喝了以后，全身都生起热气，耳朵上的冻疮也好了。从那以后每年冬至，人们都学张仲景的样子包羊肉馅儿的“娇耳”，后来发展成饺子。

有些地区在冬至这一天还会吃狗肉，这习俗据说来自汉高祖刘邦。刘邦的家乡沛县，现在还是以狗肉香美著称。据说刘邦发现狗肉在冬至这一天格外好吃，而且吃后特别暖和，全身热气上涌。后来，人们就学刘邦，冬至这一天吃狗肉。无论是狗肉还是羊肉，都是滋补祛寒的食物，吃它们都是为了抵御寒冷。

单靠这些食物进补，似乎还是不足以御寒，面对寒冷的冬天，人们需要格外多的能量，所以在冬至这一天，有些人家还会用药材熬煮食物来进补。最著名的就是“十全大补汤”，所谓的十全是指人参、白术、当归、黄芪、茯苓、熟地、川芎、白芍、肉桂、甘草。中医理论认为春生、夏长、秋收、冬藏，冬天正是人体可以吸收营养的时候，这时候进补滋补身体的食物非常容易被吸收。

南方地区吃的是汤圆，像过年一样，也是取团团圆圆的美好寓意，古诗就说“家家捣米做汤圆，知是明朝冬至天”。也有冬至吃馄饨的习俗，馄饨是一个历史悠久的食物，早在西汉时期就已经出现了。它来源于“混沌”，馄饨大小就如鸡卵，人类的始祖盘古面对的就是一个混沌的世界，“天形如卵，地如卵黄”，人们做出的馄饨就代表这种状态。乾隆年间的《河南府志》记载：“冬至，祀先祖，食馄饨，取阴阳胚胎，包孕浑函。”古代街头，经常会有挑担子或者摆摊卖馄饨的，人们坐下，看着小贩麻利地把煮熟的馄饨盛出，浇上滚烫的热汤，喝一口下去全身暖洋洋，通体舒畅。吃馄饨，纪念的就是人类共同的祖先，迎合了冬至祭祖这一传统。

不同地区冬至有一些特别的吃食。例如陕西冬至要吃红豆粥，传说共工的儿子在冬至这天死了，死后变成了厉鬼，危害人间，鬼怕红豆，所以冬至这天人们熬煮红豆粥来辟邪。南京地区冬至吃小葱拌豆腐，这个背后的故事跟明朝大功臣刘伯温有关。刘伯温不仅智慧，而且疾恶如仇，对贪官权贵毫不手软，这样就得罪了很多权贵。这些权贵诬陷他贪污受贿，朱元璋非常生气，要重重办理刘伯温。幸好朱元璋的贤皇后马后制止，让朱元璋给刘伯温一个申辩的机会。刘伯温得到通知后不慌不忙，第一天、第二天都没有任何动静，一直到第三天，他一手拿着账本，一手拿着一个瓦罐来到了朱元璋面前。朱元璋很奇怪瓦罐里的东西是什么，打开一看是小葱拌豆腐，顿时明白了。想起刘伯温的为人品性，知道自己错怪忠臣了，脱口而出："小葱拌豆腐——一清二白。"为了纪念敢于同奸佞作斗争的刘伯温，冬至这天，南京地区都会吃小葱拌豆腐，并且豆腐谐音"逗富"或"都富"，有吉祥之意。

节日的饮食，往往带着故事，带着吉祥的寓意，带着节日的气息。

二、腊八

腊八吃腊八粥，起源于先秦时期的蜡祭。蜡祭正是用收获的各种谷类祭祀各路神仙，向神仙报丰收，并且祈求新的一年风调雨顺。腊八粥集合各方谷物，具有蜡祭合聚万物的精神。

腊八节是我们的传统节日，这一天要祭祀神灵和祖先，祈求丰收和顺的生活。腊八粥从宋代就开始流行，尤其是到了清代，腊月初八喝腊八粥更为盛行。这一天皇帝和皇后会亲自主持宫里喝腊八粥，还会赏赐五谷果品给亲贵大臣以及寺院，用来熬煮腊八粥。腊八节，还是与佛教相关的节日，是佛教始祖释迦牟尼得道之日，因此这天寺院会用大锅熬起腊八粥，敬给佛祖，同时发扬佛祖慈悲为怀的精神，施粥给僧众以及其他需要的人。

1. 腊八粥

过去大户人家腊八粥的熬煮非常讲究，放入的材料多达二十多种，有红枣、莲子、杏仁、松仁、核桃、栗子、桂圆、榛子、葡萄干、白果、菱角、青丝、玫瑰、花生、红豆……从初七就开始准备材料，处理食材，去核洗净，然后把这些一并放入白米中，更有米类也不单单用白米，还有江米、紫米、黑米……从腊月初七的晚上就开始熬煮，一直到腊月初八早上食用，真可以算是一道美食。普通百姓人家在这一天也会熬煮腊八粥，但是就没有那么讲究，有的放八种果类和谷米，称为“八宝粥”，或者不拘家里有什么，混合在一起熬煮出来，也是香浓黏稠的腊八粥。

我们看看古人记载下来的腊八粥的熬煮方法，《燕京岁时记·腊八粥》曰：

> 腊八粥者，用黄米、白米、江米、小米、菱角米、栗子、红江豆、去皮枣泥等，合水煮熟，外用染红桃仁、杏仁、瓜子、花生、榛穰、松子及白糖、红糖、琐琐葡萄，以作点染。

冰心先生《腊八粥》一文中也写了她的母亲熬制的腊八粥：

> 从我能记事的日子起，我就记得每年农历十二月初八，母亲给我们煮腊八粥。这腊八粥是用糯米、红糖和十八种干果掺在一起煮成的。干果里大的有红枣、桂圆、核桃、白果、杏仁、栗子、花

生、葡萄干等，小的有各种豆子和芝麻之类，吃起来十分香甜可口。母亲每年都是煮一大锅，不但合家大小都吃到了，有多的还分送给邻居和亲友。

这里我们看到冰心家的腊八粥要与邻居分享，正应了佛家在这一天施舍众生、慈悲为怀的本意。事实上，在我们的传统里，腊八粥熬好以后要先用来敬献给祖宗和神灵，然后分给邻里，最后再合家共享。

腊八这一天，只要有乞丐上门求粥，家中无论贫富都不可以拒绝。在天津，腊八舍的粥就叫“结缘粥”，缘是一个佛家用语，但是我们的文化里也是一直讲究与世界万物结善缘的。乞丐这一天会分外开心，这一天不仅不会挨饿，吃到的还是内容丰富的腊八粥，他们叫着“缘儿来”，上门乞讨。贫家的孩子在这一天也会格外开心，不仅邻居大户会有所馈赠，而且族里日子过得好的亲戚也会送来香甜可口的腊八粥。

不同地区腊八粥的熬煮是不同的，陕北高原，腊八粥的熬煮除了谷类和果品外，还会加入豆腐和肉，吃完腊八粥以后，还要把剩下的粥涂在门上以及灶台上，用来驱邪避鬼。驱邪，也是蜡祭的一部分内容，在秦汉时期每逢蜡祭，会有大型的傩舞，就是用来驱邪避鬼的。江苏地区的腊八粥则有甜的和咸的之分，甜的腊八粥就是传统腊八粥加糖食用，咸味腊八粥则是用青菜和油加白米熬煮。山西虞乡（今山西省永济市），腊八这天早上会在浓粥里加入馄饨熬煮，用粥煮馄饨，依然叫腊八粥，也算是吃出了创意。

在陕西一些不产米的地区人们就不吃腊八粥，改吃腊八面。陕西的面食一向出名，腊八面就是劲道的面条浇上提前做好的臊子，也是鲜香四溢，惹人垂涎。青海西宁地区亦不喝腊八粥，而是吃麦仁饭，用麦仁加上牛羊肉，配上佐料青盐、姜皮、花椒、草果、苗香，细细熬制，也是风味无穷。

2. 其他饮食

腊八节这一天不仅要吃腊八粥，因为进入冬天，食物可以存放，而且马上就要过年，这一天人们开始腌制各种食品，民间相信这一天腌制的食品会格外好吃。

腊八蒜，就是把去皮洗净的蒜瓣放入坛子中，加上醋，封起来腌制，蒜会慢慢变绿，待到过年取出，已经是通体翠绿。吃饺子的时候就着腌好的腊八蒜，再好没有了。在北方地区，这一天人们也开始腌制白菜，称为“腌菜”。南方地区，在这一天开始腌制豆豉，每家都把一年要吃的豆豉在这一天腌好。要酿醋或者酿酒的人家，也会在这一天酿制腊八醋或者腊八酒，人们总是相信这一天酿的醋和酒特别好，还有各种祛病的功效，仿佛浸入了这一天所具有的神性。

3. 腊八节的禁忌

腊八节这天的禁忌主要是针对出嫁女要住在娘家还是在婆家。不同地方禁忌不同，例如在河北，新嫁女即使正住在娘家，腊八这一天也必须回到夫家，娘家认为这一天出嫁的女儿还在，会把娘家的财气和福气都带走，是非常不吉利的。而在山东某些地方，却正好相反，认为新嫁女在腊八这天必须得回娘家，不然会影响婆家的财气、福气和运道，甚至会影响来年的收成。针对这个禁忌，当地还有歌谣："吃了腊八饭，一家人要散；喝了腊八米，一家穷到底。"就是说绝对不能让新嫁女在家吃腊八饭、喝腊八粥。所谓新嫁女，一般是指出嫁不满三年的媳妇。

针对女子在哪儿过节的问题，不同地方却形成了完全不同的规定，这种风俗是因为什么而起，又是如何流行起来的，倒是很值得民俗学家到风俗地细细考察，追根溯源，找到一个风俗形成和发展的脉络。

4. 腊八节的故事和传说

关于腊八节由来的传说林林总总，其中传诵最广的是佛教释迦牟尼的故事和明朝开国皇帝朱元璋的故事。

（1）释迦牟尼

佛教的创始人释迦牟尼是印度国王净饭王之子，叫乔达摩·悉达多，生性聪明，净饭王非常喜欢他，希望将来能够把皇位传给这个儿子。乔达摩·悉达多从小就有慈悲之心，经常帮助需要帮助的人。随着他年龄的增长，他渐渐开始不明白人生到底是为了什么，为什么人会分三六九等，最低等的人生活恶劣，甚至食不果腹，高等级的人却生活奢侈，一掷千金。他又发现，任何人都摆脱不了生老病死的痛苦，好像无论是谁，哪怕位高权重，哪怕是自己高高在上的父王，都摆脱不了。众生皆苦的事实让他决心离开皇宫，寻求解脱之道。在他29岁那年，乔达摩·悉达多脱下了华贵的衣服，放下了富贵，走上了修行和求佛之道。

他的修行之道非常艰苦，风餐露宿，经常一天只吃一次粥。这一天他想要在水中沐浴一下，谁知道沐浴好后，却因为过于饥饿，在岸边昏了过去。一位牧牛女看见后就用牛乳熬煮自己身边带着的杂粮，还加上了采摘的野果，喂给乔达摩·悉达多。他吃了粥后，有了精神，犹如受到指引，来到菩提树下，终于顿悟，了解了人生的真相，明白了如何从众生皆苦的事实中解脱出来。这一天正是腊月初八，就是释迦牟尼得道的日子。所以佛家会在这一天熬煮腊八粥供奉佛祖，分给僧众，纪念佛祖顿悟，同时也施粥给穷人，宣扬佛家慈悲为怀的精神。

(2) 朱元璋忆苦思甜

我们都知道朱元璋小的时候是个放牛娃，日子过得是真苦，经常吃了上顿没下顿，挨饿是常有的事情。故事到这里有了分歧，一说是有一天朱元璋丢了牛，主家直接把他关了起来，也不给他饭吃，把这个未来的皇帝给饿的，到处找吃的，还真找到一个老鼠洞，洞里有老鼠偷来的粮食，有大米、小米、红豆，等等，朱元璋就熬成了粥，味道真是美啊！另一说是常常吃不饱饭的朱元璋，在放牛的时候和他的小伙伴发现了一个老鼠洞，老鼠洞里有大米、小米、红豆，等等，朱元璋和他的小伙伴把这些材料熬成了粥，几个人美美地喝饱了肚子，晒着太阳，感到从来没有过的舒服。

后来，朱元璋当上了皇帝，真是想吃什么吃什么，但是再精美再珍贵再好吃的美味，也有吃腻的时候，这一天朱元璋终于觉得山珍海味都没了味道。午后的阳光让他想到了小时候放牛时吃的那一碗粥，他就找来厨师，讲述了材料和做法，厨师按照朱元璋的指点，熬出了他记忆中的粥。朱元璋召集大臣一起分享，这一天正是腊月初八，这个粥就被叫作腊八粥。

吃尽山珍海味的朱元璋依然觉得腊八粥有滋味，厨师的手艺肯定是一方面，最重要的是，不管这碗粥是什么味道，朱元璋吃到的和大臣吃到的都是不一样的。他吃到的是自己的童年，是滚滚的岁月，是今日成为天子的骄傲和感慨。

（3）教导人们辛勤劳动，勤俭持家

关于腊八粥还有很多故事，大概都是一种类型，就是说有一户人家先前家境富裕，即使不富裕也一定是父母特别勤劳，家境殷实，有一个孩子，或者兄弟两个。孩子呢，都是不爱劳动，渐渐坐吃山空，空到最后，粮食囤里什么都没有，只能拿着扫帚扫出来往年剩下的粮食渣子，小米、大米、红豆或者别的什么。然后孩子心酸地把这些杂粮放进锅里，熬出一碗粥，吃下去，由此领悟到应该勤劳，不然再多的粮食都会没有，从此走上了辛勤劳动的道路。每年这一天，也就是腊月初八，孩子都会熬煮腊八粥，以此提醒自己不要再懒惰。其他人家，也在这一天煮腊八粥，记住这个孩子的教训，教育自己和自己的孩子辛勤劳动。

（4）纪念修长城的民夫的故事

这个故事听着就很让人伤心，秦始皇时期为了修建长城，大量的民夫被征用。他们来到这里，每天辛苦劳动，却吃不饱饭，后来甚至出现了断粮的情况。饥寒交迫的民夫们无法可想，这时候他们发现一包杂粮，于是熬煮成粥，每人分得一点吃了下去，肚子里暖暖的。但是这一点粥毕竟不是西方故事里耶稣的鱼和饼，可以化作千千万，民夫们依然都饿死了。后来，人们为了纪念这些饿死的人，就在每年的腊月初八吃腊八粥。

（5）纪念岳飞的故事

另一个关于腊八节由来的故事来自抗金名将岳飞。岳飞抗金，眼看胜利在望，但是奸臣秦桧和有私心的皇帝却为了一己私利，频频下旨令岳飞班师。无奈之下，又没了粮草支持，岳飞带领岳家军踏上了回程。路上，岳家军因为长久断粮，都是饥肠辘辘，百姓们感激岳家军抗金，保卫了他们的家园，纷纷从家中拿来粮食。这家送点大米，那家拿来些豆子，就这样熬煮在一起煮成了一大锅美味又充满情意的浓粥，岳家军得以果腹。后来岳飞果然被害，人们为了纪念他，在每年的腊月初八都熬腊八粥。

（6）《红楼梦》与腊八

一个受人喜欢的节日，总会有很多传说，让人忍不住为它制造各种意义深远的起源故事。《红楼梦》里贾宝玉为了逗林黛玉开心，就现编了一个关于腊八节的故事，竟也编得趣味盎然，成功地博黛玉一笑：

宝玉见问，便忍着笑顺口诌道："扬州有一座黛山，山上有个林子洞。"黛玉笑道："就是扯谎，自来也没听见这山。"宝玉道："天下山水多着呢，你那里知道这些不成。等我说完了，你再批评。"黛玉道："你且说。"宝玉又诌道："林子洞里原来有群耗子精。那一年腊月初七日，老耗子升座议事。因说：'明日乃是腊八，世上人都熬腊八粥。如今我们洞中果品短少，须得趁此打劫些来方妙。'乃拔令箭一枝，遣一能干的小耗前去打听。一时小耗回报：'各处察访打听已毕，惟有山下庙里果米最多。'老耗问：'米有几样？果有几品？'小耗道：'米豆成仓，不可胜记。果品有五种：一红枣，二栗子，三落花生，四菱角，五香芋。'老耗听了大喜，即时点耗前去。乃拔令箭问：'谁去偷米？'一耗便接令去偷米。又拔令箭问:‘谁去偷豆?’又一耗接令去偷豆。然后一一的都各领令去了。只剩了香芋一种，因又拔令箭问:‘谁去偷香芋?’只见一个极小极弱的小耗应道:‘我愿去偷香芋。’老耗并众耗见他这样，恐不谙练，且怯懦无力，都不准他去。小耗道:‘我虽年小身弱，却是法术无边，口齿伶俐，机谋深远。此去管比他们偷的还巧呢。’众耗忙问:‘如何比他们巧呢?’小耗道:‘我不学他们直偷，我只摇身一变，也变成个香芋，滚在香芋堆里，使人看不出，听不见，却暗暗的用分身法搬运，渐渐的就搬运尽了。岂不比直偷硬取的巧些?’众耗听了，都道:‘妙却妙，只是不知怎么个变法，你先变个我们瞧瞧。’小耗听了，笑道:‘这个不难，等我变来。’说毕，摇身说‘变’，竟变了一个最标致美貌的一位小姐。众耗忙笑道:‘变错了，变错了。原说变果子的，如何变出小姐来?’小耗现形笑道:‘我说你们没见世面，只认得这果子是香芋，却不知盐课林老爷的小姐才是真正的香玉呢。’”

黛玉听了，翻身爬起来，按着宝玉笑道:“我把你烂了嘴的!我就知道你是编我呢。”

这个故事和腊八的起源无关，只是让我们看到了当时大家熬制腊八粥除了林林总总的各种谷米，所需要的五样果子，也看到一个关于腊八节的故事是怎样从人们的想象中迸发出来的。

腊八节这一天，无论贫富，都能喝上美味的腊八粥，真的是一个温情脉脉的节日。民间谚语还有“小孩小孩你别闹，过了腊八就是年”，过了腊八，人们就已经进入准备过年的节奏了。时光就是这样，在循环往复中一日日向前走着，从年初走到年尾，又从年尾来到年头。

三、十月到十二月的其他节日

1. 十月朝

十月朝，就是农历十月初一，民间一直有“十月一，送寒衣”的说法。进入十月，天气开始转冷，人们都要穿上御寒的棉衣，但是这里的送寒衣，可不只是给在外的亲人送棉衣，也包括给死去的亲人送去御寒的衣服。

十月初一是民间三大鬼节之一，清明节和中元节我们都已经介绍过。这一天，阳间的人想到阴间一定也很冷了，要给过世的亲人送棉衣了。

可是这个寒衣要怎么送呢？可以到亲人的坟前，把为他们准备的寒衣——剪成衣服样子的纸，烧送给亲人。十月初一烧送寒衣，一定要格外细致认真，人们认为必须把冥衣烧得干干净净，哪怕有一点地方没有烧尽，整个寒衣都送不过去。不能到亲人坟前的人，也要找一个十字路口，如果是为男子送的冥衣，就要画一个十字，如果是为女子送的衣物，就要画一个圈儿，然后在十字和圈内把寒衣烧掉。这些不能到亲人坟前的人们

《大傩图》（南宋） 图中人物有的戴着假面具，有的拿着法器，有的击鼓，手舞足蹈，反映了人们驱除邪祟的美好愿望。“傩”的含义是借祭神来驱邪祟。这种古老的习俗，到了宋代除了驱除邪祟之外，还有祈求丰收的意味，同时也是一种民间娱乐活动。

往往不是送一件寒衣，而是准备一个包袱，当然是冥纸做的，里面装着冥币和冥衣，包袱上写着谁谁谁收，这样烧掉就可以送到亲人手里。烧包袱的时候一定要在十字或者圈儿内，不然会给过往的孤魂野鬼抢走，不能直达幽冥之府。烧包袱的人通常还会准备一些散钱，在十字或者圈儿外烧给路过的鬼魂，免得他们不高兴捣乱。更有人会再准备一个小包袱，烧给阴间当差的，希望他们能够对自己的亲人好一些。在人们的心里，阴间的世界完全和人类的世界是一样的，难怪有句老话叫“有钱能使鬼推磨”。

关于“十月一，送寒衣”的习俗，有人说是起源于唐朝，唐朝都是在十月初一这天给官员们发新的厚官服。百姓看到，就知道要换棉衣了，由此想到阴间这时候也应该换棉衣了，于是纷纷给死去的亲人烧送寒衣。有时候，让人忍不住去想，古人对死的认识，比今天温暖得多。死了，并不是没有了，只是去了另外一个世界，逝去的亲人在另外一个世界安好地活着。活着的人依然可以尽孝，照顾好他们，也相信亲人会保佑自己现在的一家人平平安安。每逢年节，还可以把亲人请回家，一家人团聚，阴阳相隔，无法看到对方，但是他们就在家里，就跟我们坐在一起，品尝着丰盛的食物。这种对死亡的认识，让死亡如此自然，不再恐怖，让死别也不再充满无法可想的痛苦。他们在，一直都在。天地万物，都与我们同在。

关于“十月一，送寒衣”的起源，另一个说法与孟姜女有关。孟姜女的丈夫被征去修建长城，成为无数个死在长城的民夫之一。十月一这天，天冷了，孟姜女带着寒衣前来看望丈夫，问遍了人，能找的地方也都找了，都没有丈夫的身影，却得到了丈夫死去的噩耗。悲痛欲绝的孟姜女失声痛哭，一直停不下来，她的哭声惊动天地，她的悲痛让山河失色，终于有了传说中孟姜女哭倒长城的结果。孟姜女看到了被压在长城下面的丈夫的尸骨，她小心翼翼地把丈夫的尸骨放在她带来的寒衣里。这个故事是让人悲痛的，如此生生的别离，没有预兆，也没有后续，痛彻心扉。

当然在关于十月一的很多传说里，还是有具有一点喜剧色彩的。这个故事有点类似现代商人促销，说的是一个聪慧的女子——慧娘。慧娘何许人也？她正是东汉造纸大家蔡伦的大嫂，蔡伦的大哥名叫蔡莫，娶了聪敏的慧娘。慧娘眼见蔡伦的纸张供不应求，市场非常好，就让丈夫蔡莫跟着蔡伦学习造纸。蔡莫学是学会了，但是造纸技术不如蔡伦好，造出来的纸张非常粗糙，人们都不愿意购买。慧娘看着积压的存货，灵机一动，主意来了。这一天人们都来到了蔡莫的家里，因为听说慧娘死了。让人们惊奇的是蔡莫在慧娘的棺材前边哭还边烧着他生产的粗糙纸张，还没等人们问出心中的困惑，更让人们吃惊的一幕出现了——慧娘活了。蔡莫打开棺材，人们看到死而复生的慧娘。慧娘解释说，阎王把她扣住，小鬼把她拉住，她想回来却回不来，后来蔡莫给她送去了大量的金钱，她散给阎王和小鬼，他们就放她回来了。蔡莫按照慧娘教的，入戏道："我没给你送钱啊！"慧娘把握时机向大家解释说，这种粗糙的纸张，烧尽了，到了阴间就是钱，并且热情地把纸张送给乡亲们，让他们都给逝去的亲人送钱。周边的人家看到他们的举动，也纷纷找蔡莫买纸，希望自己的亲人在阴间能过上富足的日子。蔡莫的纸张有了用途，从此销路就打开了。

这是一个充满了营销色彩的故事，给十月一增添了独特的意味。

2. 皮袄生日

这是天津地区的一个小节日，农历十月二十五，这里的人们认为是皮袄的生日。卖皮衣的商人会根据这一天的天气情况，决定皮衣的价钱。人们相信皮袄会通过天气的阴晴，告诉皮衣商人皮衣的价格。如果天气晴，那么这一年就是个正常的冬天，会比较寒冷，人们都需要皮袄过冬，皮袄价钱就比较高；如果这一天是阴天，那么这一年冬天就比较异常，可能是个暖冬，人们也不需要皮袄，皮袄的价格自然就要低了。

让皮袄都有了生日，这真是百姓的小诙谐。这一天天气晴好，人们会把家中的皮袄拿出来晾晒，穿皮袄的日子快要来了。卖皮衣的商人也会把皮袄摆出来，供人们挑选。

3. 月当头

十一月十五，月当头。这是一个充满趣味的节日，在北京和江苏等地流行。月当头，就是月亮直射，人影完全缩在脚下。农历十一月十五是月当头，这一天圆圆的月亮升到中天，人们站在月光下慢慢看不到自己的影子。这一天孩子们也会睡得格外晚，就是为了看着自己的影子由长慢慢变得没有，整个过程有趣极了。

明代时，一个姓朱的文人在十一月十五这天晚上带着一壶酒去找友人，正赶上月当头。虽然当时友人已经睡下了，他还是叫醒了友人赏月饮酒，并且吟出“万事无如杯在手，百年几见月当头”，让人觉得荡气回肠。在这样难得的时候，与志气相投的友人对着月亮饮酒，畅叙往事，该是多么美好，真是“百年几见月当头”。

民间传说，能够见到月当头的人都是有福气的人。

4. 尾牙

南方地区，每月朔望日都要祭祀，祭祀以后的食品就可以留到下一天吃，所以每月的初二和十六，就是“牙祭日”，牙齿可以吃到好东西了。

农历十二月十六是一年最后一次“牙祭日”，所以称为“尾牙”。这一天各家各户的饭菜会格外丰盛，以作为对自家人一年辛苦劳动的犒赏。尤其是商家，祭祀会更为隆重，不仅准备好酒好菜，还会请戏班子来演戏，犒劳员工，感谢他们一年的辛苦劳动。

起先的时候，这一天也是员工去留的日子，所以有谚语“尾牙无好顿”，满桌子丰盛的饭菜，但是员工们却吃得惴惴不安，不知道自己是否会被辞退。不过即使辞退，也是通过非常委婉的方式，做生意最讲究的就是和气生财。一般这一天吃饭的时候会有一道鸡，鸡头朝向谁，他就是会被辞退的了。还有的老板通过发红包的方式，他会给要辞退的员工送上一个红包，员工这个红包一定收得最不是滋味。员工自己领会老板的意思后会主动请辞，老板还会当众挽留，但是一切不过是为了相互之间的面子，员工是一定要走的，所以假意挽留之后，就是员工的坚辞了。

现在尾牙已经完全成为老板犒劳员工的日子了，尤其是在闽台地区，商人非常重视尾牙。这一天不仅仅会犒赏员工，也会请自己比较重要的或是经常照顾自己生意的老客户一起过尾牙。虽然没有鸡头朝向谁就是辞退谁之说，但是一般这一天聚餐时候的鸡头都会朝向老板。原来的请戏班子，现在在台湾地区发展成请明星助兴尾牙，所以尾牙不仅仅是员工特别高兴的日子，也是明星收入增加的日子。

时间就这样往前走着，很快就到小年了，马上又要开始欢天喜地地过年了。

第六章，别样节俗

我国少数民族众多，每个民族都有自己独具特色的节日，如果一一列来，在这本小书中是不可能实现的。就在最后这一章，让我们简单看一看几个独具特色的少数民族节日，看一看他们的节日与汉族传统节日有什么不同之处，又有什么相同的精神。

一、傣族的泼水节

傣族泼水节，是大家比较熟悉的少数民族节日，尤其是1961年，周恩来总理来到西双版纳和傣族人民一起过泼水节，从那以后，泼水节更是为大家熟知。

泼水节在傣历六月中旬，农历的清明前后，公历的

傣族泼水节

4月13日到15日。傣族人民把这个时间点作为新年的开始，所以傣族的泼水节相当于咱们的春节。泼水节一共三天，第一天傣语叫“麦日”，相当于我们的除夕，但是第二天却不是我们的新年，叫“恼日”，意思是空日，第三天叫“叭网玛”，相当于我们的春节，傣族人民把它当作新年第一天。这种时间观念和汉族还是有比较大的区别的。

节日的清晨，盛装的傣族人民首先来到寺庙，进行浴佛活动，相当于汉族人民的祭祀神灵，因为傣族是全民都信奉佛教的。浴佛结束后，才开始世俗的欢乐，举行带有狂欢性质的泼水活动。这一天的水被认为是幸福快乐之水，每一个浸染其中的人都会获得它所带有的幸福的魔力和幸运的力量，无论男女老少，大家尽情地欢笑泼水。

泼水节除了泼水活动，还有汉族也有的一项竞赛活动——赛龙舟，就在著名的澜沧江上举行，也是鼓声动天，热闹非凡。汉族新年要放烟火，傣族新年也有，他们叫作“高升”，但是不是普通的烟火，而是他们特别制作的，在一个几丈长的竹子里面塞上火药，放在高架子上，点燃后，整根竹子都冲入高空，在空中绽放出美丽的烟花。

傣族人民能歌善舞，在整个节日过程中，自然是歌声舞蹈不断，人们可能跳着为大家熟知的孔雀舞，也可能只是伴着音乐随意地尽兴而舞。青年男女还会举行丢包活动。所丢的花包是用花布缝制成的，里面装着棉籽。男女相距二三十米，互相丢包。开始可能只是随意乱丢，但是慢慢地，姑娘们就把花包丢给自己中意的男子。丢包活动也可以算是傣族青年男女之间的一种示爱活动，整个场面活泼又充满绵绵爱意。

傣族泼水节，泼水这个活动背后一定也有一个相应的传说支撑。据说很久很久以前，傣族地区来了一个大魔王，这个魔王无所不能，为害一方，人们无力对抗，只能任凭他摆布。每年魔王都要求这里的人们为他进献美丽的少女，作为他的新娘。这一年傣族献上了七位姑娘，这七位姑娘个个美丽又勇敢，她们下定决心要除掉魔王。于是姑娘们假意奉承，灌醉了魔王，夸赞魔王本领高强。醉醺醺的魔王说出了自己的弱点，原来他什么都不怕，砍不死，烧不死，淹不死，只怕一件事情，就是有人用他自己的头发勒他的脖子。七位姑娘就拔下他的头发，勒住了魔王的脖子，魔王的脑袋就掉了下来，但是化作了一个火球，所到之处就引起一片火海。其中一个姑娘冲上去抱住了魔王的脑袋，火马上在她身上着了起来，剩下的六位姑娘就拿水不停地泼向这位姑娘，整整泼了九百九十九天，魔王之火才熄灭。从此，为了纪念这七位勇敢善良的姑娘，傣族每年新年都会举行泼水活动。

同样是新年，不同民族因为对天地的认识不同，所以过法也很不同。汉族新年里虽然已经充满了世俗的欢乐，但是仍然保留着很多敬畏和禁忌，因为他们生活在一个万物有灵的世界。傣族的新年，更像汉族早先的蜡祭活动，带有狂欢的性质。他们信奉佛教，相信水能净化万物，而男女之间也是借由重大节日传情，对两性关系的认识更为开放和健康。

二、壮族的歌圩节

汉族有诗仙李白，壮族有歌仙刘三姐。壮族对歌非常有名，内容广泛，既有男女情爱、家庭故事、自然景物，还涉及天文地理，信手拈来。早在宋代周去非就在《岭外代答》里记录道:“迭相歌和，含情凄婉……皆临机自撰，不肯蹈袭，其间乃有绝佳者。”这里对歌，一定是自己临时填词，有些内容让文人周去非都觉得是绝佳之作。

农历三月初三就是壮族盛大的歌圩节，这一天对歌是一个很重要的活动，整个壮族自治区都沉浸在一片歌海里。对歌一开始，通常是男青年先唱“游览歌”，边唱边寻找自己中意的女子，一旦找到就开始唱“邀请歌”，被邀请的女子如果对这个男青年有意，就要通过对歌作出回答，然后男青年就开始唱“问询歌”，女青年继续回答，渐渐两情相悦，就开始对唱“爱慕歌”表达爱意。这种热情自由的恋爱风气，充满了自然的味道，让人艳羡不已。

壮族歌圩节

歌圩节可不仅仅是对歌，还要提前搭好歌圩，就是用来招待来人、对歌的棚子。这个棚子一般会用女子亲自染的布来遮盖，女子们也会相互评点对比各自的手艺。棚子里要准备五色糯米饭，就是用各种植物的汁液把糯米饭染成红、黄、黑、紫四色，再配上白色的糯米，呈现五色，还会备好丰盛的菜肴和彩蛋，不管是谁，走入了哪一家的歌圩，主人都会拿出食物热情地招待对方，不管认识与否。少数民族热情好客由此可见。

这一天也是青年男女传情的好日子，不仅可以通过对歌的形式，碰彩蛋也是一种传情的方式。男子拿着彩蛋跟女子相碰，如果女子中意这个男子就和他碰，碰破后一起吃下彩蛋，这个过程自然是情意绵绵。如果女子不愿意，就用手护住彩蛋，表示拒绝，男子也不会生气，寻找下一个意中人。彩蛋没有碰到合适的也没有关系，他们还会一起抛绣球，在这个过程中，也可以彼此寻找中意的对象。这里女子就更为主动，女子看到中意的男子，就可以把自己精心制作的绣球悄悄送给男子，男子则回赠手帕等定情之物。

歌圩节带有狂欢性质，也有热情待客、欢乐的互动，更是充满了青年男女的爱情。歌圩节背后的故事就跟爱情相关。传说很久很久以前一个歌师有一个特别美丽的女儿，这个女孩不仅美丽，而且声音婉转动听，歌声优美。汉族流行比武招亲，或者比文招亲，这位歌师的女儿选择通过对歌招亲，她要嫁给唱歌最好的男子。通过对歌，她选到了自己的如意郎君。后来热爱唱歌的壮族人民，就通过对歌，选择自己的心上人，整个歌圩节的各种活动，都染上了爱情的色彩。

三、仡佬族的吃虫节

现代研究发现，虫子的肉含有丰富的蛋白质，很多地方的餐厅也会把虫子奉为美味，但是少数民族之一的仡佬族不仅吃虫子，还专门有一个吃虫节，这个节日就在每年农历的六月初二。

到了吃虫节这一天，仡佬族的男女老少都一起到田间地头去抓虫子。其实这个场面就挺有意思的，大家兴致勃勃地捕捉各种虫子，很快这些虫子就变成餐桌上的美食了，可以油炸，可以酸溜，还可以糖炒，要吃出不同的风味。餐桌上可能出现这几道经典的菜肴，油炸蝗虫，糖炒蝶蛹，再来个酸蚂蚱吧。

开始吃的时候，一家之长还要喊口号，下命令，口号通常是:“吃，吃，吃，嚼它个粉身碎骨，吃它个断子绝孙！”然后家中其他的人就应和道:“吃，吃，吃，吃它个断子绝孙，嚼它个粉身碎骨！”整个过程都充满了一种莫名的趣味性，我想如果是外地游客看到，一定忍俊不禁。

吃虫节的背后也有仡佬族自己的传说故事，听吃虫开始前的口号，就知道吃虫不仅仅是因为虫子好吃，蛋白质含量高，主要还是源于对害虫的痛恨，是为了保卫庄稼。

这个传说故事是这样的，那时候仡佬族地里害虫肆虐，族里的长老开会研究决定，谁可以解决害虫问题，就奖赏给谁三头大肥猪。

奖赏一出，公鸡就自告奋勇，它本来以为自己起得早，害虫都怕它，一定能把害虫消灭干净，谁知道第二天它一早起来，还没吃到害虫，全身的羽毛就被露水湿透。后来鸭子一看，自己不怕水啊，也自告奋勇来了，但是害虫在田间飞来飞去，鸭子干看着，根本捉不住。人类中间也有道士希望能得到三头大肥猪，又是设坛，又是作法，可是害虫依然肆虐。

奖赏一直没有人领走，田里的害虫一天比一天多，急坏了仡佬族的人民，再这样下去，可就没有收成了。

一天一个叫甲娘的妇女带着自己的孩子去娘家，走到半路才想到自己回娘家，都没准备什么礼物，这可不妥当，但是家里也没什么好东西啊。看着田里的害虫，心灵手巧的甲娘有了主意，她和孩子一起捉了很多害虫，然后做成了美味的食物，带到娘家，大家一尝，真是好吃啊。于是人们纷纷去田里抓害虫，油炸或者糖炒，不知不觉，害虫居然被大家吃光了，庄稼也得救了，甲娘就得到了那三头大肥猪。

仡佬族吃虫吃得轻松诙谐，背后的传说也带着一种轻盈诙谐，一个女子的小智慧，就战胜了虫害，解决了一个地方的危机。

节日中的仡佬族人民

四、布依族的端午节

汉族过端午节，布依族也过端午节，布依族的端午节是在农历六月初六。这一天布依族也会包各式各样的粽子，还会特别熬“百草汤”，就是把菖蒲、艾叶、车前草、野菊花等多种草药熬制在一起，熬制过程中还会加入煮粽子剩下的粽子水，这样即使是草药都有了粽子所特有的清香。这样的草药喝了不仅强身健体，还可以驱除蚊虫。汉族会戴五彩丝线，布依族也要戴上红绳辟邪祈福，但是这个红绳要在百草汤里煮过，然后由老人给小孩子带上，这样小孩子就可以远离毒虫与邪魅，健健康康地长大。

布依族吃粽子可不是为了纪念屈原，也许他们还不知道三闾大夫是谁呢！他们有他们自己的故事，屈原的故事是悲壮的，是大节大义，布依族的故事则是平缓而温情的，充满了丝丝入扣的情意。

传说总是发生在很久以前，这个故事发生的时间大概是在明朝时期，布依族白水河上有一个非常富饶的坝子，汉族人民把这个坝子叫作扁担山。坝子里的人们过着男耕女织的生活，安逸而富饶。直到明朝崇祯年间，崇祯皇帝不仅对汉族人民横征暴敛，还把税收到了这个偏远而安宁的坝子里。坝子里的百姓非常愤怒，大家群起抵抗，好在坝子虽小，但是四面环山，易守难攻，只有几个出口，只要守住这几个出口，外面的明军根本进不来。

于是，村子里的年轻男人都去守卫坝子了，村子里的农活和家务就完全落在了布依族女子的身上，但是布依族的女子个个勤快，任劳任怨，没有一个人叫苦。这些女子中有一个姑娘叫妹竹，她一样勤劳，还格外心灵手巧。她的丈夫也去守卫坝子了，她像其他妇女一样忙里忙外，每天还会去给守卫在前方的丈夫送饭。辛苦对妹竹来说根本算不了什么，但是此时天气很热，饭菜根本放不了多久就坏了，所以每次都不能送多。妹竹每次送饭，饥饿的丈夫都是狼吞虎咽，看得妹竹非常心疼。

回来的路上妹竹一直在考虑这个问题，这时候路边竹子的清香引起了她的注意。妹竹灵机一动，决定把猪肉放在米饭里，然后用竹叶包起来煮熟。妹竹抱着煮好的竹叶包饭给丈夫送去。竹叶清香四溢，打开后里面是黏糯可口的米饭，渗透着猪肉油润的香味，把周围的男青年都吸引过来了，大家吃得非常满足，而且这种竹叶

布依族的特色粽子

布依族的包粽子比赛

里的饭可以存放许久，妹竹给丈夫做了很多，丈夫只要饿了就有饭吃。村子里的其他青年也让自家媳妇学习妹竹的方法，这样粽子就流行开来。

因为这一天是六月初六，所以布依族的端午节就在六月初六。

五、赫哲族的鹿神节

赫哲族是我国东北一个历史悠久的少数民族，其历史可以追溯到六千到七千年前，但是文明的发展比较缓慢，有赫哲语，但是没有自己的文字，早先处于结绳记事的阶段，后来与汉族融合，开始使用汉字。赫哲族是人数非常少的一个少数民族，2000年第五次人口普查，赫哲族只有4640人，仅仅比珞巴族多，是人数非常少的少数民族之一。

赫哲族也是我国五十六个民族里唯一的渔猎民族，他们靠渔猎为生，尤其是捕鱼，生活在一个万物有灵的世界，认为一切事物都有神灵主管。

农历九月初九是赫哲族的鹿神节，但祭祀的不是鹿神，而是虎神。传说很久以前，一对赫哲族夫妻也是依靠打猎为生。这天丈夫出去打猎，妻子一人在家，看到家中窗户上有一只老虎的爪子，抬头一看，窗子上趴着只大老虎，眼神可怜巴巴，满是哀求。这位妻子走上前，发现老虎的爪子里嵌进去一根刺，老虎在请求她帮忙取出来。善良的妻子就认真为老虎取出了刺，老虎感

赫哲族舞蹈

激地看了这位妻子一眼，转身消失在茫茫大雪中。从此，隔三差五，妻子总能在门外收到老虎送来的感谢礼物，经常是三五只猎物，例如狍子、鹿等。而丈夫的打猎也越来越顺利，每次都可以满载而归。人们纷纷传说他们受到了虎神保佑，所以打猎才如此顺利。

从此，赫哲族开始在九月初九祭祀虎神。那么，为什么叫“鹿神节”呢？这是因为祭祀虎神是通过萨满跳鹿神舞来进行的。

鹿神节上，萨满是节日的组织者和主要实行者。节日之前，萨满就会告诉大家节日这天的所有安排，人们就会按照萨满的要求准备酒肉以及其他物品。节日上人们不再是简单地请求虎神保佑打猎顺利，妇女们会求子，其他人也会祈福消灾，以前许的愿望实现后，还会在鹿神节上向虎神还愿。

不仅萨满要跳鹿神舞，在萨满退下到再次出现之前，人们也是载歌载舞，庆祝鹿神节，整个节日充满了欢腾的气氛。人们大碗喝酒，大口吃肉，尽情跳舞欢笑，尽显生活在东北粗犷的土地上的人们的特色。

六、瑶族的赶鸟节

处于湖南境内的瑶族的特色节日是赶鸟节。每年二月初一这一天，年轻男女互相对歌，对歌内容都是与鸟儿相关，美妙的歌声会吸引鸟儿，鸟儿们就不会再去田间糟蹋庄稼了。对歌的过程，也是男女互相选择意中人的过程，很像壮族歌圩节上的对歌活动，只是瑶族的对歌内容围绕着鸟儿展开，所以又叫歌鸟。

瑶族的对歌能一直唱到月亮出来，唱到最后就剩下瑶族青年男女情意绵绵的交流。直到露水都上来了，青年们才不得不回家，开始了你送我、我送你的过程。

除了对歌，还有赛鸟。赛鸟既要比赛谁的鸟儿漂亮，也会把鸟儿放在一起让它们搏斗，看看谁的鸟儿厉害。这些活动都让赶鸟节充满了欢乐的气氛。

村中的老人忙着做糯米粑粑，他们把做好的糯米粑粑戳在小棍上，然后插在门窗、篱笆、门楼、田埂上和菜园周围，给鸟儿吃。鸟儿吃了糯米粑粑，嘴巴就会被糯米黏住，这样也没办法再去糟蹋庄稼了。通过黏黏的糯米粑粑黏住鸟嘴，多像汉族送灶神的时候给灶王爷吃

瑶族赶鸟节

麦芽糖，希望把他的嘴巴黏住，让他说不了坏话。

这一天人们不仅在自己家吃糯米粑粑，还可以不停地串门，来到谁家都可以尝尝这家的糯米粑粑，这种串门吃粑粑的风俗让节日具有了温馨的意味。少数民族的节日中经常可以看到这种不分你我的部分，只要来，就会有美食招待。他们不像汉族，“我”的意识特别强烈，他们就是生于自然，长于自然，没有占有，只有顺从和友善，喜欢共享的快乐，所以他们的节日也常常是大家聚在一起载歌载舞，很少说是一家一户关起门过节。

赶鸟节背后的传说是这样的：据说很久以前瑶族这个地方聚集了各种鸟雀，专吃地里的庄稼，人们刚刚赶走，一转身鸟儿又呼啦啦飞下来，把庄稼吃个干净，闹得人只能吃野草。

各种办法想尽，也赶不走鸟儿。有一个歌声悦耳的瑶族女子，名叫细妹。她一开始唱歌，鸟儿们都被歌声迷住了，她走到哪里，鸟儿就跟到哪里，细妹就日日唱着歌，把鸟儿引得远远的，村子里的人也跟着细妹学唱歌，和细妹一起把鸟儿引走。

为了纪念细妹，每年的二月初一，瑶族人民就过起了赶鸟节。

图书在版编目（CIP）数据

中国秀. 节日与习俗 / 庞丹丹编著. -- 太原：山西教育出版社, 2016.5

（中国秀系列 / 金萍, 张霞主编）

ISBN 978-7-5440-7489-6

Ⅰ. ①中… Ⅱ. ①庞… Ⅲ. ①丛书—中国—现代②节日—风俗习惯—中国 Ⅳ. ①Z121.7②K892.1

中国版本图书馆CIP数据核字(2016)第294672号

节日与习俗

庞丹丹　苏　珊　著

出 版 人　雷俊林

策 划 人　孙　铁

责任编辑　任小明

特约编辑　苏　霁

装帧设计　小海馬·书装 HIPPOCAMPUS

出版发行　山西出版传媒集团·山西教育出版社

（太原市水西门街馒头巷7号　邮编　030002）

印　　装　山东临沂新华印刷物流集团有限责任公司

开　　本　787×960　1/32

印　　张　7.625

字　　数　120千字

版　　次　2016年5月第1版　2016年5月第1次印刷

书　　号　ISBN 978-7-5440-7489-6

定　　价　25.90元

如发现印装质量问题，影响阅读，请与印刷厂联系调换。电话：0539-2925680